Orgeln und Organisten der Kreuzkirche zu Dresden

Frank-Harald Greß · Holger Gehring

SCHNELL + STEINER

Inhalt

Seite 2:
Ansicht vom Altmarkt

3

Die Orgeln der Kreuzkirche zu Dresden

Die Orgelgeschichte bis ins frühe 18. Jahrhundert

Am Markt der Siedlung „Dresdene" (abgeleitet aus dem altsorbischen Dreždany), die an einer wichtigen Handelsroute lag, wurde im zwölften Jahrhundert eine romanische Basilika errichtet, die man als „Nikolaikirche" dem Schutzpatron der Kaufleute, Schiffer und Fischer weihte. Der Name einer um 1235 angefügten „Kreuzkapelle", die dem Aufbewahren einer Kreuzreliquie diente, ging später auf die ganze Kirche über.

Den Umbau zu einer gotischen Hallenkirche 1447–49 leitete Hans Kumoller. Sie wurde 1491 durch einen Stadtbrand weitgehend zerstört. Der Wiederaufbau nach Plänen von Matthes Kumoller erfolgte zwischen 1492 und 1499. Ihren wuchtigen Westturm mit Rechteckgrundriss erhielt die Kreuzkirche erst 1579 bis 1584.

Bereits 1370 und 1388 sind Organisten nachweisbar, 1491, 1498 und 1513 sogar namentlich. 1371 gab es eine größere und eine kleinere Orgel.[1] Einzelheiten dieser frühen Instrumente sind nicht überliefert. Dem damaligen Stand des Orgelbaus entsprachen „Blockwerke" mit relativ geringem Klaviaturumfang. Jede Taste schaltete einen „Mixturklang" ein, hervorgebracht durch Pfeifen, die auf mehrere übereinander liegende Oktaven und die dazwischen liegenden Quinten eingestimmt waren. Im Spätmittelalter wurde die Grundtonreihe (Prinzipal) selbständig spielbar. Michael Praetorius beschrieb die Wirkung einer solchen Blockwerkorgel als „tieffes grobes brausen vnd grewliches grümmeln".[2]

Der Orgelbau der Folgezeit brachte rasche Fortschritte: Zu den offenen zylindrischen Labialpfeifen traten weitere Bauformen sowie Zungenpfeifen. Als Bezeichnungen für die Register mit ihren unterschiedlichen Klängen verwendete man zum Teil Analogien zum Instrumentarium des damaligen Musiklebens. Außerdem wurde an die Hauptorgeln ein „Positiv" angeschlossen, das man im Rücken des Organisten anordnete („Rückpositiv"). Das Positiv hob sich durch seine hellen Klänge von der Hauptorgel ab und erlaubte reizvolle musikalische Kontrastwirkungen.

1494 baute Caspar Coler aus Pirna eine neue Orgel, die sein Bruder Georg (Jorg) Coler 1504 überholte. Aber auch dieses Werk erlaubte wohl noch kaum eine wesentliche Klangdifferenzierung, denn bereits 1512 bis 1514 schuf Blasius Lehmann aus Bautzen wiederum eine neue Orgel. Sie hatte zwei Manuale, besaß ein Rückpositiv und stand auf der Westempore. Anschließend errichtete Lehmann eine kleine Orgel auf der Sängerempore, was die frühzeitige Orgelmitwirkung in der Ensemblemusik dokumentiert. 1522 renovierte er beide Orgeln mit seinem Sohn (wahrscheinlich Anton Lehmann aus Joachimsthal). 1530/31 beschäftigte sich Lehmann mit einem „Regal" der Kreuzkirche, einem transportablen Orgelinstrument mit kurzbecherigen Zungenpfeifen.

1539 hielt mit dem ersten evangelischen Gottesdienst in der Kreuzkirche die Reformation Einzug in Dresden. An diesem festlichen Ereignis wirkte auch der Kreuzchor mit.

1605 setzte Johann Lange aus Kamenz mit seinem Sohn die große Orgel instand. Sie bekam neue Bälge und einen „Vndersatzten Pompenn Baß" (vermutlich ein 16'-Register im Pedal oder im Oberwerk mit Pedaltransmission). Anschließend reparierten beide auch die kleine Orgel.[3]

Seite 5:
Kolorierte
Zeichnung der
erweiterten Chororgel
nach dem Entwurf
von Tobias Weller
1661/62

5

Erwähnt sind Arbeiten an Türflügeln vor den Prospekten des Oberwerks und des Rückpositivs, die wohl bereits von 1512/14 stammten. Solche Prospekttüren dienten dem Schutz des Orgelinneren, waren ein Schmuckelement und hatten neben ihrer akustischen auch eine liturgische Funktion: Sie wurden in der Karwoche geschlossen, in der die Orgeln wie auch die Glocken schwiegen.

1642–44 erneuerte Tobias Weller, Dresden, beide Orgeln. In die Hauptorgel fügte er neue Register ein. 1661/62 erweiterte Weller auch die kleine Orgel durch ein Pedal und ein zusätzliches Brustwerk (mit Quinte 2⅔' statt einer ursprünglich geplanten Schalmei 8' im Prospekt) und versetzte sie von der Sängerempore nach unten neben den Chor.[4] Er erweiterte den Klaviaturumfang (bis c³ in den Manualen, bis c¹ im Pedal). Jedoch fehlten in der großen Oktave nach wie vor die Töne Cis, Dis, Fis und Gis. Unter der Bezeichnung „kurze Oktave" war der Verzicht auf diese in der alten Musik wenig gebrauchten Töne bis ins 17. Jahrhundert üblich.

1668 unterstützte Kreuzorganist Alexander Heringk den Ankauf eines Regals von einem Hofmusiker, das die Kreuzchor-Alumnen für Probenarbeit und externe Gesangseinsätze („Singumgänge") erbaten. Solche Instrumente waren mit ihrem durchdringenden Klang auch zum Musizieren im Freien geeignet.

„Regale" spielen auch eine Rolle als integrierte Orgelregister (Zungenregister mit verkürzter Becherlänge). 1667–68 erfolgten umfangreiche Arbeiten an beiden Orgeln durch Andreas Tamitius, Dresden. Neben vielen anderen Verbesserungen erhielt das Rückpositiv der Hauptorgel ein Trichterregal 8' nach niederländischem Vorbild statt eines „Singeregal" 4' und die für Sachsen ebenfalls neuartige „Sesquialtera" (ein Register mit dem farbgebenden fünften Teilton – Terz 1³/₅' –, meist in Kombination mit Quinte 2⅔'). Im Brustwerk tauschte Tamitius ein Messingregal 8' gegen Kleingedackt 4'. Die „kurze Oktave" blieb wahrscheinlich erhalten. In der kleinen Orgel baute er die Register Posaune und Trompete neu.[5]

1669 verursachte ein Blitzeinschlag erhebliche Schäden am Kirchenraum, die 1673–76 behoben werden konnten. Der Dresdner Johann Heinrich Gräbner d. Ä. reparierte und erweiterte die große Orgel, vermutlich 1713/14.[6] 1716 baute Gräbner ein Positiv als Continuo-Instrument. Zur Verwendung in der „Music" (d. h. für Ensembleaufführungen) war es im Kammerton gestimmt, der damals in den sächsischen Kirchenmusikzentren den um zwei Halbtöne höheren Chorton ablöste.

1729 restaurierte Johann Christian Heydenreich die kleine Orgel. Er veränderte und erweiterte die Disposition und ergänzte in allen Klaviaturen die Töne Dis, Fis und Gis. Damit stellte er die sogenannte „lange Oktave" her, bei der nur das Cis fehlte.[7]

Die nachstehenden Dispositionsfassungen zeigen den um 1730 erreichten Bestand. Sie stammen aus der „Dresdener Handschrift", einer der wichtigsten Quellen für die sächsische Orgelbaugeschichte. Das Manuskript dieser Dispositionssammlung verfasste im frühen 18. Jahrhundert der Rittergutsbesitzer und Orgelliebhaber Paul Christoph Wolf in Grünlichtenberg.

Die große Orgel entsprach in ihrer mehrfach veränderten Form dem frühbarocken Typ mit systematisch abgestuften Basis-Prinzipalen 16', 8', 4', 2' in den Teilwerken Pedal, Hauptwerk, Rückpositiv, Brustwerk, sowie den zugeordneten Weitchören und Zungenregistern. Das stark besetzte Pedal eignete sich neben seiner Bassfunktion für die Ausführung eines solistisch hervorgehobenen Cantus Firmus in allen Lagen. Dem Zeitgeschmack entsprachen bewegliche Engelfiguren, die mit Nebenzügen im Spielschrank verbunden waren. Auch die kleinen Instrumente verfügten mit ihren Teiltonregistern über einen hellen Barockklang.

Große Orgel

Blasius Lehmann (1512/14), Johann Lange und Sohn (1605), Tobias Weller (1642/44), Andreas Tamitius (1666/68), Johann Heinrich Gräbner (1713/14).

3 Manuale, 37 Register, „kurze Oktave".

HAUPTWERK

Quintadena	16'
Prinzipal	8'
Gedackt	8'
Fugara	8' (Gräbner)
Oktave	4'
Nasat	$2\frac{2}{3}$'
Oktave	2'
Gemshorn	2'
Mixtur	VIII
Trompete	8'

PEDAL

Prinzipal	16'
Subbass	16'
Oktave	8'
Spitzflöte	4'
Oktave	2'
Mixtur	VIII (Gräbner)
Posaune	16'
Trompete	8'
Trompete	4'
Cornet	2'

RÜCKPOSITIV

Gedackt	8'
Prinzipal	4'
Kleingedackt	4'
Quinte	$2\frac{2}{3}$'
Oktave	2'
Spitzflöte	2' (irrtümlich: 4')
Sedecima	1'
Sesquialtera	II
Zimbelmixtur	IV
Trichterregal	8'

NEBENREGISTER

Tremulant Hauptwerk
Tremulant Rückpositiv
Zwei Manualkoppeln
Sperrventil Hauptwerk
Sperrventil Rückpositiv
Vogelgesang
Zimbelstern
„umlauffende Sonne"
„Zug zum Obern Engel"
„Zug zu beyden Seiten Engeln"

BRUSTWERK, seit 1666 (?) eigene Klaviatur

Gedackt	8'
Kleingedackt	4'
Nasat	$2\frac{2}{3}$' (Gräbner)
Prinzipal	2'
Quinte	$1\frac{1}{3}$' (Gräbner)
Oktave	1'
Zimbel	II

Kleine Orgel

Blasius Lehmann (1612/14), Tobias Weller (1661/62), Andreas Tamitius (1666/68), Johann Christian Heydenreich (1729).

2 Manuale, 18 Register, seit 1729 „lange Oktave".

HAUPTWERK		BRUSTWERK	
Prinzipal	8'	Lieblich Gedackt	8'
Gedackt	8'	Prinzipal	4' (1729)
Quintadena	8'	Kleingedackt	4'
Oktave	4'	Nasat	$2^2/_3$'
Quinte	$2^2/_3$'	Oktave	2'
Oktave	2'	Zimbel	II (1729, urspr.
Quinte	$1^1/_3$'		Schwiegel 1')
Sedecima	1'		
Großzimbel	IV (vor 1729	PEDAL	
	geteilt in zwei	Subbass	16'
	zweichörige	Posaune	16'
	Register)		
Trompete	8' (vor 1729	NEBENREGISTER	
	im Pedal)	Tremulant	
		Manualkoppel	
		Pedalkoppel zum Hauptwerk	

Continuo-Positiv

Johann Heinrich Gräbner (1716).

Ein Manual, 7 Register.

MANUAL

Lieblich Gedackt	8'	
Prinzipal	4'	
Kleingedackt	4'	
Nasat	$2^2/_3$'	
Oktave	2'	
Terz	$1^3/_5$'	
Oktave	1'	

NEBENZUG
Tremulant

Um den nachträglichen Einbau eines Pedals mit Subbass 16' zu ermöglichen, war das Instrument mit drei Bälgen reichlich ausgestattet.

Die altertümliche und zunehmend schadhafte große Orgel konnte allerdings bald den aktuellen kirchenmusikalischen Ansprüchen nicht mehr gerecht werden, sodass man 1751 Vorschläge für einen Neubau einholte. Der Entwurf von Johann Christoph Leibner, Dresden, einem zeitweiligen Mitarbeiter Gottfried Silbermanns, sah Kammertonstimmung vor, wie bei den Dresdner Silbermann-Orgeln der Sophien-, Frauen- und Hofkirche. Dieser im Vergleich zum vorher üblichen „Chorton" um zwei Halbtöne tiefere Stimmton hatte sich in der Kirchenmusik sächsischer Musikzentren im frühen 18. Jahrhundert durchgesetzt. Eine wahrscheinlich von Johann Ernst Hähnel, Meißen, eingereichte Disposition enthielt den Vermerk: „Wegen der heutigen Musice eine gleichschwebende Temperatur" – ein Beleg für den Übergang zu dieser progressiven Stimmungsart. Durch einheitliche Frequenzverhältnisse gleichnamiger Tonintervalle im Gegensatz zu älteren Temperaturen mit unterschiedlichen Tonabständen ermöglichte diese Stimmung eine frei modulierende Harmonik und ungehindertes Transponieren. – Die Urheber zwei weiterer Entwürfe sind unbekannt.[8]

Während des Siebenjährigen Krieges belagerten und beschossen preußische Truppen 1760 die Stadt Dresden. Langhaus und Chor der gotischen Kreuzkirche sowie alle Orgeln wurden zerstört.

Die Wagner-Orgel von 1792

Der Neuaufbau der Kreuzkirche begann 1764, geleitet von Johann Georg Schmidt, Christian Friedrich Exner und Gottlob Hölzer, nach dem Tod Schmidts von Christian Heinrich Eigenwillig. Der alte Westturm war erhalten und sollte in den Wiederaufbau einbezogen werden, stürzte aber 1765 ein. Der von Hölzer entworfene neue Turm war 1788 vollendet. 1792 konnte die Kirche eingeweiht werden.

Bereits 1784 legte Kreuzkantor Gottfried August Homilius einen Dispositionsentwurf vor (III/47), der weitgehend der Silbermann-Tradition folgte, abgesehen von dem durch Bordun 16' und Gemshorn 8' erweiterten Brustwerk. Ein weiterer Dispositionsvorschlag stammt von dem Organisten Christian Friedrich Erselius (Sorau). Um den Bau einer Orgel bewarben sich 1785/86 Johann Christian Kaiser (Dresden), Johann Friedrich Treubluth (Dresden), Adam Gottfried Oehme (Freiberg) sowie die Brüder Johann Gottlob und Christian Wilhelm Trampeli (Adorf).[9] Offenbar aus wirtschaftlichen Gründen vergab der Rat – gestützt auf ein Gutachten des Homilius-Schülers und -Nachfolgers Christian Ehregott Weinlig – den Auftrag an die Brüder Johann Michael und Johannes Wagner aus Schmiedefeld am Rennsteig. Sie verpflichteten sich im Vertrag vom 17. März 1786, die Orgel (III/50) einschließlich Gehäuse und Bildhauerarbeit für 12.000 Taler zu liefern.[10] Nach damaligem Geldwert war der Bau damit zweifellos zu niedrig kalkuliert.

Die Struktur der Disposition ähnelt derjenigen der großen Gottfried-Silbermann-Orgeln, ergänzt durch einige wenige zeittypische Register (Salicional, Violonbass). Selbst die Charakterisierung der Manualwerke ist angelehnt an Silbermann:

Hauptwerk: „von groser und grauitaetischer Mensur",
Oberwerk: „von scharfer und penetranter Mensur",
Brustwerk: „von delicater und lieblicher Mensur".

Ungewöhnlich für die damalige Epoche waren dagegen einige altertümliche Registertypen wie Koppelflöte, Rankett, Schwiegel und Bomhartbass.

Die Orgel vollendete Johann Caspar Holland, zunächst Mitarbeiter und ab 1790 Nachfolger der Gebrüder Wagner. Die Abnahme erfolgte am 16. und

Ansicht der Orgel
in die
Creutz=Kirche
bestimmt.

Orgel-Platz.

Chor.   Chor.

Chor.

CHEigenwillig

Wagner-Orgel

Johann Michael Wagner und Johannes Wagner, fertiggestellt von Johann Caspar Holland (1786–1792).

3 Manuale, 50 Register, Manualumfang: C – d³, Pedalumfang: C – c¹. Die Orgel hatte acht Keilbälge und war im zeitüblichen Dresdner Kammerton eingestimmt. Im Vertrag war „gleich schwebende Temperatur" vereinbart, die Ausführung war jedoch „um etwas abweichend".

HAUPTWERK, II. Manual		BRUSTWERK, I. Manual		OBERWERK, III. Manual	
Prinzipal	16'	Lieblich Gedackt	8'	Quintatön	16'
Bordun	16'	Prinzipal	4'	Prinzipal	8'
Großoktave	8'	Koppelflöte	4'	Schwiegel	8'
Rohrflöte	8'	Salicional	4'	Gedackt	8'
Viola da gamba	8'	Oktave	2'	Quintatön	8'
Gemshorn	8'	Quinte	1¹/₃'	Oktave	4'
Oktave	4'	Sifflöte	1'	Rohrflöte	4'
Gemshorn	4'	Terz rep.	⁴/₅'	Oktave	2'
Quinte	2²/₃'	Mixtur	IV	Terz	1³/₅'
Oktave	2'	Rankett ab g⁰	8'	Flageolett	1'
Terz	1³/₅'			Echo(-Cornet) ab c¹	V
Cornet ab c¹	V			Mixtur	VI
Mixtur	VI			Krummhorn	8'
Zimbel	VI			Vox humana	8'
Fagott	16'				
Trompete	8'				

PEDAL		(Forts. PEDAL)		NEBENZÜGE	
Untersatz	32'	Mixturbass	VI	Tremulant Hauptwerk	
Prinzipal	16'	Posaunenbass	16'	„Schwebung" Oberwerk	
Subbass	16'	Bomhartbass	16'	Manualkoppeln	
Violonbass	16'	Trompetenbass	8'	Pedalkoppel	
Oktavbass	8'	Clarinbass	4'	(zum Hauptwerk)	
				Sperrventil Hauptwerk	
				Sperrventil Oberwerk	

Seite 10:
Prospektentwurf für die
Wagner-Orgel

17. August 1792 durch Kapellmeister Johann Amadeus Naumann, Kreuzkantor Christian Ehregott Weinlig, Kreuzorganist August Friedrich Wilhelm Günther und Sophien-Organist Johann Wilhelm Eckersberg.[11] Außer den bei dieser Gelegenheit kritisierten Mängeln stellten sich bald weitere heraus: langsame Tonansprache, schwere Spielart und schlechte Windversorgung. Die Auftragsvergabe zugunsten des extrem preisgünstigen Angebotes der Gebrüder Wagner erwies sich als Fehlentscheidung.

Um das Beheben der Fehler bemühten sich 1795/96 und 1806 Johann Christian Kayser, 1816/17 und 1822 dessen Söhne Friedrich Traugott Kayser bzw. Carl August Kayser, alle in Dresden ansässig. Neben zahlreichen technischen Verbesserungen korrigierte Johann Christian Kayser die Zusammensetzung der Manualmixturen, fertigte neue Kornett-Register und einen neuen Posaunenbass und ersetzte den „Bomhartbass" 16' durch Violonbass 8'. Carl August Kayser führte die Arbeiten fort. Sie blieben unvollendet, da er 1824 verstarb.[12]

Der Jehmlich-Umbau von 1827/32

Ab 1825 bis zur Gegenwart wirkten Mitglieder der Orgelbauerfamilie Jehmlich in der Kreuzkirche. Ihre Generationenfolge ist in Anhang B, S. 38 dargestellt. Im genannten Jahr bewarb sich Gotthelf Friedrich Jehmlich um eine Großreparatur und begann mit Veränderungen an Windladen, Traktur und Gehäuse. Nach seinem Tod 1827 übernahm sein Bruder Johann Gotthold die Fortsetzung nach einem wesentlich erweiterten Konzept.

Am 17. August 1827 legte Johann Gotthold Jehmlich der Kircheninspektion einen sehr ausführlichen Kostenanschlag vor. Die Grundlage aller Vorschläge: „Wir sahen sogleich ein, daß durch bloße Reparatur die größten Fehler nicht könnten behoben werden ...". Und es wurde angeboten, „die Orgel ganz neu nach Silbermanns Regeln und Mechanismus anzulegen"[13].

Dieser grundlegende Umbau entsprach einem Neubau unter Verwendung vorhandener Teile. Das ausdrückliche Anknüpfen an die Bauweise Gottfried Silbermanns bestätigt das lange Nachwirken der Silbermann-Tradition im sächsischen Orgelbau. Die drei klangprächtigen und dauerhaft gearbeiteten Silbermann-Orgeln in Dresden (Sophienkirche, Frauenkirche, katholische Hofkirche) forderten zum Vergleich heraus. Führende Fachleute sahen im Typ dieser Orgeln hochwertige und ergänzungsfähige Vorbilder.

Zu den Arbeiten Johann Gotthold Jehmlichs gehörten: Neubau des Gehäuses, Erneuerung und Verbesserung der Windladen (die Oberwerkwindladen hatte bereits Gotthelf Friedrich Jehmlich neu gebaut), veränderter Neubau der Trakturen, Einbau eines Prinzipalbasses 32' statt Untersatz 32' und drei zusätzlicher Pedalregister auf neuen Windladen, einige weitere Dispositionskorrekturen in den Manualen, Herstellung neun größerer Bälge und neuer Windkanäle, Ausbesserung des übernommenen Pfeifenwerks sowie Einstimmung „in jetzt gewöhnlichen höhern Cammerton nach gleichschwebender Temperatur"[14].

Am 28. September 1832 wurde die Orgel mit nunmehr 54 Registern übergeben. Hoforganisten Johann Schneider lobte in seinem Gutachten vom 2. Oktober 1832 die Auftragsvergabe an Johann Gotthold Jehmlich und schrieb über das Ergebnis: „Der Meister belohnte dieses ehrende Vertrauen mit Meister-Arbeit, also, daß dieses Werk würdig neben der besten und größten Silbermann'schen Orgel Platz nimmt und [...] dessen Meister Zeugnis giebt, daß derselbe da fortzugehen im Stande ist, wo Silbermann aufhörte."[15] Auf Schneiders Empfehlung wurde Johann Gotthold Jehmlich 1836 zum Königlich Sächsischen Hoforgelbauer ernannt.

Carl Eduard Jehmlich, der die Werkstatt seines Onkels Johann Gotthold übernahm und ebenfalls die Funktion des Hoforgelbauers erhielt, reparierte die Orgel um 1885. Wahrscheinlich bei dieser Gelegenheit tauschte er im Oberwerk die Register Zimbel IV und Vox humana 8' gegen Fugara 8' und Oboe 8'.

Der zweite Jehmlich-Umbau 1895

1894/95 fand eine Erneuerung des Kirchenraums im neoklassizistischen Stil statt. Im Anschluss daran wurde 1895 unter der Leitung der „Königlich Sächsischen Hoforgelbauer" Gebrüder Emil und Bruno Jehmlich die Orgel nach einem damals modernen technischen System umgestaltet. Während alle vorherigen Instrumente aus den Werkstätten der Familie Jehmlich Schleifladen und mechanische Traktur hatten, schufen die genannten Söhne Carl Eduard Jehmlichs für Röhrsdorf 1888 erstmals eine Orgel mit pneumatischer Traktur und Membranladen. Diese Orgelsteuerung eröffnete neue Perspektiven für den Orgelbau und fand unter den Organisten dieser Zeit allge-

Westseite des
Kirchenraums nach
dem Kirchenbrand 1897

Links;
Luther-Medaillon in der
Stadtkirche Siebenlehn

Rechts:
Schmuckteller

(beide Stücke aus
Metall der
geschmolzenen
Orgelpfeifen)

meine Zustimmung. Die Pneumatik ermöglichte eine leichte Tastenbewegung auch bei großen Orgeln, zahlreiche Koppeln und viele neue Spielhilfen, u. a. feste und freie Kombinationen.

Dem Klangideal der Zeit entsprachen fließende Lautstärkeübergänge, die sich am Sinfonieorchester orientierten. Daher begrüßte man als neues Ausdrucksmittel das „Registercrescendo" (meist durch Fußwalze betätigt), das die Register in der Reihenfolge ihrer Klangstärke ein- und ausschaltete und somit ein annähernd gleitendes An- und Abschwellen erzielte. Der Übergangsdynamik dient auch der etwa zur gleichen Zeit in Sachsen ein-

geführte Jalousieschweller für stufenlose Stärkeregelung eines Teilwerks der Orgel („Schwellwerk").

Zum weitgehend übernommenen Pfeifenwerk der Wagner-Jehmlich-Orgel kamen zeitübliche charakteristische Flöten- und Streicherregister, z. B. „Wienerflöte", „Flûte harmonique", „Dolce", „Violine", „Aeoline", „Vox coelestis" (alle in der 8-Fuß-Lage). Die Disposition mit 67 Registern auf drei Manualen, darunter einem Schwellwerk mit 15 Registern, und zahlreichen Spielhilfen nahm somit das Prinzip der „Kompromissorgel" voraus, das sich nach Einsetzen der „Deutschen Orgelbewegung" im frühen 20. Jahrhundert verbreitete.

Am 16. Februar 1897 brannte die Kirche aus, vermutlich infolge eines Schadens an der Heizungsanlage. Aus geschmolzenem Metall der Orgelpfeifen wurden verschiedene Erinnerungsstücke gegossen.

Um der Kreuzkirchgemeinde wieder Gottesdienste zu ermöglichen, stellten die Gebrüder Jehmlich in einem Interimsraum 1897 eine Orgel (Opus 135) mit 16 Registern auf zwei Manualen und Pedal auf. Sie hatte – wie das verbrannte Instrument – pneumatische Traktur und Membranladen.[16]

Die spätromantische Jehmlich-Orgel von 1900

Innerhalb von drei Jahren wurde die Kirche wieder aufgebaut und am 9. September 1900 eingeweiht. Das Innere erhielt nach dem Entwurf der Architekten Rudolf Schilling und Julius Gräbner eine üppige Jugendstil-Ausstattung, zu der auch der außergewöhnlich detailreiche Orgelprospekt gehörte. Die neue spätromantische Monumentalorgel entstand 1899/1900 in der Werkstatt der Gebrüder Emil und Bruno Jehmlich. Leitender Intonateur war Bruno Jehmlich. Der Klang war – charakteristisch für diese Epoche – durch größtmögliche dynamische Spannweite gekennzeichnet. Zwischen den zartesten Registern im Fernwerk bei geschlossenem Schweller und dem Generaltutti mit Hochdruckstimmen und Oktavkoppeln bestand ein extremer Lautstärkekontrast. Die überreichen Zwischenstufen waren, auch in ihren Farb- und Helligkeitswerten, sorgsam abgewogen. Die Gesamtwirkung war von der Vielzahl der Grundregister, dominierenden Solo-Lingualen und opulenten Bässen bestimmt.

Der Spieltisch mit großzügigem Manualumfang bis c^4 verfügte über sehr zahlreiche Spielhilfen, die dazu dienten, den großen Klangbestand im Sinn damaliger Registrierpraxis bestmöglich auszuwerten.

Am Dispositionsentwurf des neuen Orgelwerks war der Berliner Organist, Komponist und Orgelschriftsteller Otto Dienel beteiligt, der gemeinsam mit dem Kreuzorganisten Emil Höpner auch die Abnahmeprüfung durchführte.[17]

1917 wurden die Prospektpfeifen, wie die fast aller deutschen Orgeln, enteignet, um Metall für Kriegszwecke zu gewinnen. Insgesamt mussten 130 klingende und 138 stumme Pfeifen aus hochwertiger Zinnlegierung (84%) mit einem Gesamtgewicht von 3.393 kg. an den Reichsmilitärfiskus abgeliefert werden. Dafür wurde eine Entschädigung in Höhe von 8.810,90 M gezahlt.[18] Kreuzorganist Bernhard Pfannstiehl beklagte 1924 in einem Brief den eingetretenen Verlust: „Unsre … Orgel entbehrt noch immer ihrer Prinzipale, die der Krieg verschlungen hat. Da wir leider 14 Hochdruckstimmen … haben, die nicht fortgenommen wurden, fehlen die eingeschmolzenen Prinzipale schmerzlich. Ein Spielen ohne Koppeln auf zwei Manualen ist höchstens bis zum mf möglich, und, sobald im Crescendo die Vierfüße hinzukommen, wird der Klang scharf. Im Juni veranstaltete ich ein Konzert zur Wiederbeschaffung, welches aber nur 450 M Reingewinn erbrachte."[19] Aufschlussreich für das spätromantische Klangideal Pfannstiehls ist seine Bemerkung, dass er bereits 4'-Register als „scharf" empfand. Noch während seines Ruhestandes polemisierte er gegen neobarocke Tendenzen in Orgelbau und Orgelspiel.

Außer den Prospektpfeifen wurden auch die Kupfertafeln des Kirchendaches beschlagnahmt und durch verzinktes Eisenblech ersetzt.[20] Nachdem man die leeren Prospektfelder zunächst mit Rupfenstoff verkleidete, erhielt die Orgel 1924 neue Prospektpfeifen. Der Kirchenvorstand beschloss, als Material aus Kostengründen Zinkaluminium zu wählen. Der Preis betrug 6.100 M. Zinnpfeifen hätten 15.200 M gekostet.[21] Die Wiederweihe der komplettierten Orgel fand am Reformationsfest 1924 statt.

Große Jehmlich-Orgel von 1900

Gebrüder Emil und Bruno Jehmlich (Opus 153)

4 Manuale, 91 Register, Kegelladen, pneumatische Traktur, Fernwerk: elektropneumatische Traktur, Winddruck 100 mm WS, für Hochdruckregister ("HD") 200 bzw. 300 mm WS. Den Gebläsebetrieb übernahmen zunächst zwei "Wassermotoren" ("Wassersäulenmaschinen"), die große Schöpfbälge bewegten. Diese Anlage wurde 1915 durch zwei Elektroventilatoren abgelöst (einer davon als kombiniertes zweistufiges Hochdruckgebläse). Manualumfang: C – c^4 (!), 16', 8' und 4' im III. Manual intern bis c^5 ausgebaut, Pedalumfang: C - f^1.

I. MANUAL		II. MANUAL	
Prinzipal	16'	Gambe	16'
Gedackt	16'	Prinzipal	8'
Prinzipal	8'	Wienerflöte	8'
Flûte harmonique	8'	Portunalflöte	8'
Doppelflöte	8'	Rohrflöte	8'
Gambe	8'	Fugara	8'
Dolce	8'	Salicional	8'
Gemshorn	8'	Oktave	4'
Oktave	4'	Flöte	4'
Offenflöte	4'	Fugara	4'
Gambe	4'	Salicet	4'
Quinte	2^2/$_3$'	Nasat	2^2/$_3$'
Oktave	2'	Piccolo	2'
Großkornett	IV (16'-bezogen)	Kornett	III–V
Mixtur	IV–V (mit Terz)	Mixtur	IV
Trombone	16'	Trompete	8'
Tuba	8' (HD 200 mm WS)	Cromorne	8'
Trompete	8'	Physharmonika	8' (durchschlagend)
Clarino	4'		

III. MANUAL, SCHWELLWERK		IV. MANUAL, FERNWERK, SCHWELLWERK,	

IV. MANUAL, FERNWERK, SCHWELLWERK, aufgestellt auf dem Kirchenboden, angrenzend an den Turm, ungefähr 25 Meter vom Spieltisch entfernt. Klangaustritt erfolgte durch eine Öffnung im Gewölbe über der Hauptorgel. Das Fernwerk besaß eiserne Schwelljalousien (Brandschutz).

III. MANUAL, SCHWELLWERK		IV. MANUAL, FERNWERK	
Bordun	16'	Gedackt	16'
Prinzipal	8' (HD 200 mm WS)	Quintatön	16'
Konzertflöte	8' (HD 200 mm WS)	Geigenprinzipal	8'
Bordun	8'	Hohlflöte	8'
Violoncello	8' (HD 200 mm WS)	Gedackt	8'
Gemshorn	8'	Schalmei	8' (labial)
Quintatön	8'	Violine	8'
Oktave	4'	Aeoline	8'
Flauto traverso	4' (HD 200 mm WS)	Vox coelestis	8'
Rohrflöte	4'	Flöte	4'
Violine	4'	Aeoline	4'
Rauschquinte	II	Waldflöte	2'
Solokornett	IV – V	Sesquialtera	II
Zimbel	III	Harmonia aetherea	III (weit mensuriert!)
Fagott	16'	Oboe	8'
Horn	8' (HD 300 mm WS)	Vox humana	8'
Orchesteroboe	8' (HD 300 mm WS)		
Klarinette	8' (HD 300 mm WS, aufschlagend)		

PEDAL

Prinzipalbass	32' (HD 200 mm WS)
Prinzipalbass	16' (HD 200 mm WS)
Flötenbass	16' (im Schweller III. Man.)
Subbass	16'
Violonbass	16' (HD 200 mm WS)
Dulcianabass	16'
Aeolinenbass	16' (im Schweller III. Man.)
Quintbass	$10\,^2/_3$'
Oktavbass	8' (HD 200 mm WS)
Flötenbass	8' (im Schweller III. Man.)
Violoncello	8' (HD 200 mm WS)
Oktavbass	4'
Violine	4' (HD 200 mm WS)
Oktavbass	2'
Kornettbass	IV
Posaunenbass	32' (HD 200 mm WS)
Basstuba	16' (HD 300 mm WS)
Posaunenbass	16'
Trompetenbass	8'
Clarinbass	4'

NEBENREGISTER UND SPIELHILFEN

Tremulant für Vox humana 8' IV. Man.,
9 Normalkoppeln (außer IV/III),
Suboktavkoppeln II/I, III/II, III/III,
Superoktavkoppeln II/I, III/III, Hochdruck III/III,
Generalkoppel,
Feste Kombinationen für die Manuale I. bis IV. und die ganze Orgel:
    ff, f, mf, Flötenchor, Gambenchor, Rohrwerkchor (Druckknöpfe),
Feste Kombinationen für Pedal:
    ff mit Rohrwerken (Hochdruck), ff, f, mf, Gambenchor, Flötenchor, Rohrwerkchor
    (Tritte)
Feste Kombinationen für die ganze Orgel:
    ff mit Oktavkoppeln, ff, f, mf, Gambenchor, Flötenchor, Rohrwerkchor (Tritte)
    Pedaltutti, Pedaltutti mit Hochdruckregistern (Tritte),
    Tutti, Tutti mit Oktavkoppeln, Tutti mit Hochdruckregistern (Tritte),
4 freie Kombinationen,
Einschalter für feste Kombinationen/freie Kombinationen,
Einschalter für Crescendo I. + II. + P., Einschalter für Crescendo III. + IV. + P.,
Ausschalter für Gesamtdruckregister, Koppeln, Rohrwerke, Crescendo,
Druckregisterausschalter für jedes einzelne Manual und für Pedal,
Crescendowalze,
Schwelltritte für III. und IV. Manual.

▨ Kleinorgeln als Provisorium (ab 1930)

Im Zeichen veränderter Aufführungspraxis wünschte der seit 1930 amtierende Kreuzkantor Rudolf Mauersberger eine „Chororgel" auf dem
Altarplatz. Er regte Orgelbaumeister
Wilhelm Rühle, Moritzburg, 1932 zum
Bau einer entsprechenden Kleinorgel
an. Das Vorhaben scheiterte jedoch:
Wegen verzögerter Auftragsvergabe

verkaufte Rühle das Instrument (mit 11
Registern auf einem Manual und Pedal) an die Kirchgemeinde Hennstedt
in Holstein.[22]
Als Continuo-Instrument auf der Mu-
sikempore diente ab 1936 ein selbstän-
diges Jehmlich-Positiv, das Eigentum
der Orgelbaufirma blieb (I/6, Opus 486,
Pfeifenwerk aufgestellt im Gehäuse der
Hauptorgel, Kegelladen, elektropneumatische Traktur, fahrbarer Spieltisch). Dieses Instrument in moderner

Orchesterstimmung war als Provisorium notwendig, weil die Orchester damals einen erhöhten Stimmton einführten, der mit dem der großen Orgel differierte.[23]

Während des 1940 begonnenen Umbaus der Hauptorgel war die Orgelempore nicht nutzbar. Das Positiv von 1936 wurde deshalb wesentlich erweitert und auf der Nordseite des Altarplatzes aufgestellt. Laden und Pfeifen erhielten eine behelfsmäßige Verkleidung ohne Pfeifenprospekt. Der Spieltisch kam auf die darüberliegende Seitenempore, die während der Orgelbauarbeiten als Aufstellungsplatz für Ensembles diente. Dieses Interimsinstrument war allerdings eine Notlösung, die den kirchenmusikalischen Aufgaben keineswegs gerecht werden konnte. Sein Pfeifenwerk sollte später weitgehend für das „Kronenwerk" der Hauptorgel verwendet werden.[24]

Für eine letztmalig auf der Orgelempore stattfindende Aufführung stellte die Firma Jehmlich 1940 ein Positiv leihweise zur Verfügung: I/6, Opus 595, 1940, Kegelladen, pneumatische Traktur.[25]

Auf dem Weg zur modernen „Universalorgel" (ab 1940)

Der musikalische Stilwandel des frühen 20. Jahrhunderts und besonders der Einfluss der „Deutschen Orgelbewegung" führten zu einer Neubewertung des Orgelklangs. Der füllig voluminöse und orchestral differenzierte Klangcharakter spätromantischer Instrumente wie der Kreuzkirchenorgel von 1900 galt als antiquiert. Man erstrebte neobarock orientierte Neubauten oder eine entsprechend veränderte Disposition und Intonation vorhandener Werke.

Bereits seit dem Amtsantritt des Kreuzorganisten Herbert Collum 1935 erwachte der Wunsch, die große Orgel der Kreuzkirche im Sinn der „Orgelbewegung" klanglich zu verändern. Es blieb allerdings vorerst bei wenigen Modifikationen: Quinte $1^1/_3$' statt Gambe 4' (im I. Manual), Terz $1^3/_5$' und Sifflöte 1' statt Wienerflöte 8' und Fugara 4' (im II. Manual), Reduktion der Rauschquinte II auf Oktave 2' und Neubesetzung der

Interimsorgel

Gebrüder Otto und Rudolf Jehmlich (1940, Opus 596)

I/17, Kegelladen, elektropneumatische Traktur, Manualumfang C – a³, Pedalumfang C – f¹.

MANUAL		PEDAL		NEBENZUG
Prinzipal	8'	Subbass	16'	Pedalkoppel
Gemshorn	8'	Oktavbass	8'	
Gedackt	8'	Nachthorn	4'	
Oktave	4'	Bassmixtur	IV	
Rohrflöte	4'	Fagott	16'	
Nasat	$2^2/_3$'			
Oktave	2'			
Blockflötenterz	$1^3/_5$'			
Superquinte	$1^1/_3$'			
Sifflöte	1'			
Scharf	V			
Regal	8'			

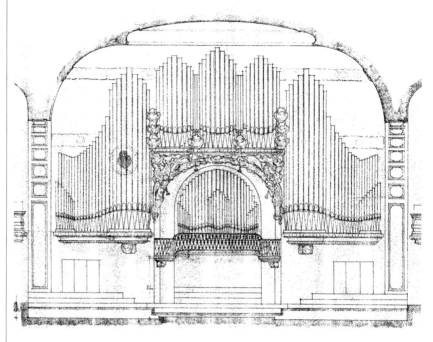

Zimbel III (im III. Manual), Umbau des Tremulanten für das ganze IV. Manual statt nur für Vox humana.[26]

Jedoch reifte der Entschluss, die Jehmlich-Orgel von 1900 zu einer modernen „Universalorgel" umzugestalten. Diesem Begriff (und dem benachbarten Terminus „Kompromissorgel") liegt eine Wunschvorstellung zugrunde, die in der neueren und neuesten Orgelbaugeschichte immer wieder eine Rolle spielt: Entsprechend dem Anliegen konzertierender Organisten versucht man Instrumente zu schaffen, auf denen man die gesamte Orgelliteratur mit möglichst authentischen Klängen wiedergeben kann. Die umfassende und konsequente Umsetzung dieser illusionären Zielstellung scheitert allerdings an der Fülle der zeitlichen und regionalen Varianten, welche die Orgelbaugeschichte hervorbrachte, und führt allenfalls zur Anhäufung heterogener Klangelemente.

Jedenfalls wurde die ursprüngliche Idee, die Orgel unter gleichzeitiger Reduktion auf etwa 75 Register und Verzicht auf das Fernwerk umzudisponieren, zu Gunsten einer wesentlich umfangreicheren Lösung aufgegeben. Dieser Entschluss folgte dem Zug der Zeit und war gewiss beeinflusst durch ein „Konkurrenzprojekt", den Orgel-Erweiterungsbau 1939–43 in der Frauenkirche. Diese Kirche wurde zu einem Zentrum der „Deutschen Christen", der nationalsozialistischen Gruppierung in der evangelischen Kirche, und erhielt in diesem Zusammenhang 1934 die Bezeichnung „Dom zu Dresden". Die politische Funktion der Frauenkirche bewog die Reichsregierung sogar zur Bewilligung „kriegswichtigen" Materials für diesen Prestige-Orgelbau. Auf Betreiben des „Domorganisten" Hanns Ander-Donath wurde die bereits 1911/12 vergrößerte und weitgehend veränderte Silbermann-Orgel in eine stark technisierte Großorgelanlage mit 85 Registern einbezogen. Dazu gehörten drei Orgeln mit eigenen Spieltischen und ein fünfmanualiger Zentralspieltisch.[27]

Gestützt auf einen Dispositionsentwurf von Orgelbaumeister Otto Jehmlich drängte der Kreuzorganist auf einen Erweiterungsumbau, dessen geplante

Kruzianer helfen 1940
beim Abbau des
Jugendstilprospekts

Anzahl von 113 Registern die Orgelanlage des „Doms" noch in den Schatten stellte. Die grundlegende klangliche und technische Umgestaltung war geplant als Opus 600 der Gebrüder Otto und Rudolf Jehmlich. Einheitlich elektropneumatische Traktur und ein zeitgemäß ausgestatteter fünfmanualiger Spieltisch sollten die Orgel auf den aktuellen technischen Stand bringen. Der Umbauplan von 1940 enthält folgende Ergänzungen: neun Register

auf zusätzlichen Registerkanzellen im I. und III. Manual sowie im Pedal, ein neues „Kronenwerk" mit 13 Registern und ein Zimbelstern. Für die übrigen Register waren Intonationskorrekturen und zum Teil Mensurerweiterungen durch eingefügte Pfeifen vorgesehen, weiterhin veränderte Chorzusammenstellungen für die Mixturen und die Umstellung der Hochdruckregister (soweit übernommen) auf Normaldruck. Außer der Hauptorgel war eine neue

Altarorgel geplant, die selbständig, aber auch von der Hauptorgel aus spielbar sein sollte.[28]

Als Dokument einer Strömung im damaligen Orgelbau, die das Streben nach Monumentalität mit neobarocken Elementen verband, sei dieser Entwurf zitiert.[29]

Auf Wunsch des Kreuzkantors war beabsichtigt, durch das erhöht angeordnete neue Orgelgehäuse mehr Platz für Ensembles zu gewinnen und in der Mitte der Orgelanlage eine „Cantus-Firmus-Empore" für entsprechende Chorpartien einzufügen. Über den Ablauf der Umbauarbeiten informiert ein Bericht der Gebrüder Jehmlich vom 20.8.1955[30]: Am 14.5.1940 erhielt die Firma Jehmlich vom Kirchenvorstand den Auftrag für den Umbau. Mit dem Entwurf eines modernen „Freipfeifenprospektes" (Pfeifenanordnung ohne Holzumrahmung) wurde im Sommer dieses Jahres die Architektenfirma Lossow & Kühne betraut. Man begann mit dem Einbau der Träger und einer Betonplatte für die Orgelanlage.

Das alte Jugendstil-Gehäuse wurde Ende 1940 abgebaut. Seine Teile wurden in der Kirche gelagert, die Prospektpfeifen in den Treppenaufgängen. Die Laden von Schwellwerk, Fernwerk und Großpedal blieben an bisheriger Stelle. Die dazu gehörenden Pfeifen kamen in einen Raum hinter dem Schwellwerk, die Pfeifen vom I. und II. Manual sowie vom Kleinpedal in die Orgelwerkstatt.

Bereits 1941 war der Spieltisch fertig gestellt und wurde auf Ersuchen der Orgelfirma in der Süd-Sakristei aufbewahrt. Bis Juni 1942 wurden die Prospektkonstruktion, die neu angeordneten Windladen des Kronenwerks und Echowerks sowie die oberen Prospektpfeifen an ihrem Bestimmungsort montiert. Obgleich Bauarbeiten am Kirchengebäude die Fertigstellung verzögerten, waren Ende 1944 die Voraussetzungen für den Einbau der gesamten Orgel geschaffen. Alle restlichen Teile wurden in die Kirche geliefert.

Im Zweiten Weltkrieg war beabsichtigt, wiederum Orgelpfeifen als Materialquelle für die Rüstungsindustrie zu beschlagnahmen, womit sich die sinnlose Barbarei von 1917 wiederholt hätte. Der Kirchenvorstand begründete im Juni 1944 unter Hinweis auf die gewichtige kirchenmusikalische Tradition

Dispositionsentwurf für den Erweiterungsumbau 1940 (Otto Jehmlich)

I. HAUPTWERK

Prinzipal	16'
Gedackt	16'
Prinzipal	8'
Flûte harmonique	8'
Doppelflöte	8'
Gambe	8'
Dolce	8'
Gemshorn	8'
Oktave	4'
Offenflöte	4'
Koppelflöte	4' ***
Quinte	2²/₃'
Oktave	2'
Flachflöte	2' ****
Superquinte	1¹/₃' ***
Kornett	IV **
Mixtur	V **
Zimbel	III ****
Trombone	16' *
Trompete	8' *
Klarine	4'

II. UNTERWERK

Quintatön	16'
Prinzipal	8'
Holzflöte	8' *
Rohrflöte	8'
Salicional	8'
Quintade	8' *
Oktave	4'
Nachthorn	4' *
Gemshorn	4' ***
Gedacktnasat	2²/₃' ***
Schwiegel	2' *
Terz	1³/₅' ***
Sifflöte	1' ***
Mixtur	IV **
Scharf	III ***
Rankett	16' ***
Krummhorn	8' *
Regal	4' ***

III. SCHWELLWERK

Nachthorn	16' *
Prinzipal	8' *
Spitzflöte	8' *
Singend Gedackt	8' *
Quintade	8'
Prinzipal	4' *
Blockflöte	4' ***
Zartgambe	4' *
Rohrquinte	2²/₃' ***
Oktave	2'
Blockflöte	2' ***
Terz	1³/₅' ****
Quinte	1¹/₃' ***
Septime	1¹/₇' ****
Flageolett	1' ***
None	⁸/₉' ****
Mixtur	VI - VII **
Hellzimbel	III ***
Fagott	16'
Silbermann-Trompete	8' ***
Vox humana	8'
Trichterregal	4' ****

IV. ECHOWERK

Gedackt-Pommer	16' *
Prinzipal	8' *
Flöte	8' *
Gedackt	8'
Dulciana	8' *
Schwebung	8' + 4' *
Italien. Prinzipal	4' ***
Rohrflöte	4'
Quintade	4' ***
Waldflöte	2' *
Glöcklein	1' *
Sesquialtera	II
Echomixtur	VI - VIII **
Dulzian-Rankett	16' ***
Oboe	8'
Bärpfeife	4' ***

V. KRONENWERK			PEDAL		
(Pfeifenwerk größtenteils			Prinzipalbass	32'	(z. T. Prospekt)
aus der Interimsorgel)			Prinzipalbass	16'	
Prinzipal	8'		Flötenbass	16'	(Schweller III.)
Großgedackt	8'		Subbass	16'	
Viola	8'		Violon	16'	*
Oktave	4'		Dulciana	16'	
Gedackt-Pommer	4'		Echobass	16'	(Schweller III.)
Rohrnasat	$2^2/_3$'		Quintbass	$10^2/_3$'	
Superoktave	2'		Prinzipalbass	8'	***
Nachthorn	2'		Oktavbass	8'	
Blockflötenterz	$1^3/_5$'		Flötenbass	8'	(Schweller III.)
Quinte	$1^1/_3$'		Choralbass	4'	***
Mixtur	IV		Weitpfeife	2'	*
Singend Regal	16'	(8' ?)	Nachthorn	1'	***
Zink	4'		Rauschpfeife	III	****
			Mixturbass	X	**
			Kontraposaune	32'	***
			Posaune	16'	
			Bombarde	16'	*
			Trompete	8'	
			Klarine	4'	
			Singend Kornett	2'	****
			Pedalschelle	1'	***

*   Register umgearbeitet, umintoniert, Mensur erweitert
**   veränderte Zusammensetzung
***   neue Register, z. T. bereits in den Dreißigerjahren ausgetauscht
**** neue Register auf zusätzlichen Registerkanzellen
       nicht bezeichnete Register: weitgehend unverändert

NEBENREGISTER UND SPIELHILFEN
Zimbelstern
Tremulanten für Unterwerk und Echowerk
15 Normalkoppeln (Wippen und Tritte)
6 freie Vorbereitungen (Druckknöpfe und Tritte)
Tutti, Silbermann-Tutti, Tutti-Pedal, Piano-Pedal
Crescendowalze
Schweller III., Schweller IV.
Ausschalter für Handregister, Crescendo, Koppeln, Pedal, Manual-16', Rohrwerke insgesamt
und Rohrwerke einzeln

der Kreuzkirche und die bereits in den Orgelumbau investierten Leistungen, dass die Gemeinde nach den geltenden Bestimmungen nicht zu Ablieferungen verpflichtet sei.[31] Durch das Kriegsgeschehen kam die Aktion ohnehin zum Erliegen. Das war jedoch noch nicht das Ende.

Den Bombenangriffen auf Dresden in der Nacht vom 13. zum 14. Februar 1945 fielen außer vieltausenden Menschenleben unersetzliche Kulturgüter zum Opfer. Dazu gehören etwa 45 Orgeln in Dresdner Kirchen, Schulen und Privathäusern. Auch die Kreuzkirche blieb vom Feuersturm nicht verschont. Die Interimsorgel und das Positiv wurden vernichtet. Von den eingelagerten oder bereits montierten Teilen der großen Orgel waren anschließend nur noch eine Anzahl stark beschädigter Pfeifen und geschmolzenes Pfeifenmetall zu finden sowie – auch von den übrigen Orgeln – ausgeglühte Elektroventilatoren, Trakturdynamos und Magnete. Am Gewände der vorderen linken Tür auf dem Altarplatz sind gegenwärtig noch heute die Hitzeschäden erkennbar, die der Brand der Interimsorgel verursachte.

Erneute Zwischenlösungen (ab 1955)

Der Wiederaufbau der Kreuzkirche erfolgte in den Jahren 1946–55. Nach dem Entwurf des Dresdner Architekten Fritz Steudtner erhielt der Kirchenraum eine betont schlichte Gestalt, die zunächst als Interimslösung gedacht war. Fast sämtliche Jugendstil-Details wurden – soweit erhalten – beseitigt. Alle Flächen wurden mit Raupputz versehen.

Obgleich man bereits während der Aufbaujahre Ideen für die neue Hauptorgel entwickelte, mussten nach der Wiederweihe der Kirche am 13. Februar 1955 zunächst Zwischenlösungen gefunden werden. Diese kleineren Instrumente stammten, soweit nicht anders angegeben, von der Firma Gebrüder Jehmlich.[32]

1955 kam auf die Nordseite der Orgelempore die abgebildete pneumatische Kegelladenorgel (II/14, Opus 708, gebaut unter Einsatz von Altmaterial, 1956 in das Robert-Schumann-Konservatorium Zwickau überführt, nicht erhalten). Sie wurde 1956 abgelöst durch die „Bach-Orgel" aus der Notkirche der evangelisch-reformierten Gemeinde, einem 1949 entstandenen Kompromissinstrument mit neobarocker Disposition aber konservativer technischer Bauweise (II/19, Opus 646, Kegelladen, pneumatische Traktur, 1964 im neuen Gemeindehaus der reformierten Gemeinde aufgestellt, 1999 abgebrochen).

Kreuzkantor Rudolf Mauersberger stiftete 1955 eine Gedenkstätte für Heinrich Schütz in einem südwestlichen Raum der Kreuzkirche. Diese „Schütz-Kapelle" erhielt eine Kleinorgel (I + P/8, Opus 713, Schleifladen, mechanische Traktur, gegenwärtig eingelagert).

Als Continuo-Instrument erhielt die Kreuzkirche aus Privatbesitz ein Positiv mit vier Registern (erbaut um 1800 von einem unbekannten Orgelbauer), 1955 aufgestellt in der Nordsakristei und zeitweise auf dem Altarplatz. We-

„Schütz-Positiv" von 1955

gen seiner simplen Glastüren nannten es die Kruzianer scherzhaft „Küchenschrank". Die Gebrüder Jehmlich tauschten 1956 ein zweites 8'-Register gegen Zimbel II und bauten einen Elektroventilator ein. 1964 wurde das Positiv in die Dreikönigskirche umgesetzt und 1995 im Sinn der Bauzeit in der Werkstatt Kristian Wegscheider, Dresden, rekonstruiert.

Ein größeres Instrument für Begleit-Aufgaben wurde 1957 geschaffen. Vorübergehend an die reformierte Gemeinde ausgeliehen, befindet es sich gegenwärtig als „Chororgel" auf der Nordseite der Orgelempore und wurde 2005 geringfügig umdisponiert.

Für Ensembleaufführungen und kleinere Feiern entstand 1959 eine Kleinorgel auf dem Altarplatz (II/11, Opus 755, Schleifladen, mechanische Traktur). Sie wurde 2002 an die evangelische Kirche in Ruppendorf abgegeben.

Chororgel

Gebrüder Otto und Rudolf Jehmlich (1957/2005, Opus 740)

Aktuelle Disposition: Ein Manual und Pedal, 7½ Register, Schleifladen, mechanische Traktur, Prospekt durch Flügeltüren verschließbar. Manualumfang C – g³ mit Schleifenteilung zwischen a⁰ und b⁰, Pedalumfang C – f¹.

	MANUAL			PEDAL	
				Subbass	16'
Bass		**Diskant**			
Holzgedackt	8'	Nachthorn	8'		
		(Holzrohrflöte)		**NEBENZUG**	
–		Spitzgedackt	8'	Pedalkoppel	
Prinzipal	4' (Prospekt)	Prinzipal	4'		
Rohrflöte	4'	Blockflöte	4'		
Spitzoktave	2'	Waldflöte	2'		
Sesquialtera	II	Sesquialtera	II		
Mixtur	II	Mixtur	III		

Chororgel von 1957

Die große Jehmlich-Orgel von 1963

Am 2.6.1960 erhielt die Firma Gebrüder Jehmlich den Auftrag für einen ersten Bauabschnitt. Ein zweiter Bauabschnitt konnte unmittelbar angeschlossen werden. Die Planungsgeschichte dieser Orgel ist länger und vielschichtiger, als bisherige Publikationen erkennen lassen. Auch bedürfen einige veröffentlichte Angaben der Korrektur.

Nach dem Wiederaufbau der Kirche entstanden Dispositionsentwürfe mehrerer Verfasser:[33]

1. Werner Sehrer, Dresden, Chefintonateur der Firma Gebrüder Jehmlich:
   V/89, Schleifladen, elektrische Traktur (16.2.1955).
2. Paul Wutke, Erfurt:
   V/96, Schleifladen, elektrische Traktur (28.10.1955, ergänzt am 3.11.1955).
3. Frank-Harald Greß, Dresden:
   IV/72, Schleifladen, mechanische Tontraktur (28.9.1956).

4. Gerhard Paulik, Pirna:
   IV/74 (nachträglich um ein Register ergänzt), ohne Angaben zu Traktur- und Ladensystem (1957, nicht genau datiert).
5. Ernst Karl Rößler, Hohenzell: Änderungen und Ergänzungen: IV/77 (24.11.1959).
6. Gerhard Paulik, Pirna:
   Vorschläge für die Besetzung der gemischten Register und eine modifizierte Disposition, IV/75 (4.8.1960).
7. Gebrüder Jehmlich (Werner Sehrer): IV/71 (2.9.1960), hierzu Korrekturvorschläge von Gerhard Paulik (9.9.1960).

Zahlreiche Beratungen wechselnder Gremien begleiteten den Orgelbau. Die Diskussionen verliefen im Spannungsfeld zwischen einem traditionsgebundenen Konzept und den aktuellen Charakteristika des neobarocken Orgelbaus (vielchörige Mixturen, Horizontalzungen, dissonante Teiltonregister, neuentwickelte Pfeifenformen, zeittypische Intonationsweise mit geringem Winddruck). Die genannten Entwürfe lassen zum Teil divergierende Positionen erkennen. Vorschläge von Orgelbaumeister Otto Jehmlich orientierten sich vornehmlich an Überlieferungen des mitteldeutschen Orgelbaus. Er bemühte sich um das Vermeiden orgelbaulicher Risiken und um Rücksichtnahme auf die begrenzten Platzverhältnisse. Kreuzorganist Herbert Collum äußerte u. a. Wünsche für die Spieltischanlage, steuerte jedoch keine eigene Disposition bei, sondern reichte die Entwürfe 1. und 4. als Abschriften unwesentlich verändert weiter.
Die endgültige Disposition erarbeiteten gemeinsam Gerhard Paulik (als kirchlicher Sachverständiger) und Frank-Harald Greß (im Auftrag der Orgelfirma Jehmlich). Die Intonation leitete Werner Sehrer. Er konzipierte auch die Pfeifenmensuren, beraten von Paulik und Greß. Die technische Konstruktion übernahm Wolfgang Rentzsch. Der Prospektentwurf stammt vom Archi-

tekten Fritz Steudtner, Dresden. Das Gehäuse fertigte die Tischlereiwerkstatt Hans Obst, Dresden. – Die Abnahme erfolgte am 3. Februar 1964.
Die Orgel erhielt außer zeittypischen Details einen ausgewogenen Klangaufbau. Der Prinzipalchor ist dicht besetzt. Die Mixturen in ihrer vorherrschenden Vielchörigkeit sind charakteristisch für neobarocke Tendenzen. Bei einigen mehrchörigen Registern sind die Fußtonlagen im Interesse klanglicher Transparenz in weiter Lage angeordnet. Wie üblich rücken die Teiltöne der Klangkronen durch „Repetitionen" im Verlauf der Tonskala näher an die Klangbasis. Die Abstände dieser Repetitionen sind differenziert gewählt, um im Zusammenwirken der betreffenden Register auffällige klangliche Brüche auf bestimmten Tonstufen zu vermeiden. Charakteristische Besetzungs-Beispiele mehrchöriger Register sind in Anhang A, S. 37 zusammengestellt.
Die Bauformen und Klangeigenschaften der übrigen Labiale entstammen dem damals gebräuchlichen Registerrepertoire, ergänzt durch einige Neuentwicklungen von Ernst Karl Rößler (Rohr-/Gemsquinte, singend Nachthorn, überblasender Dolkan). Dazu treten – einzeln und gebündelt – färbende Teiltonreihen. Wesentlich bereichert wird der Klangaufbau durch das großzügig ausgestattete Ensemble der Zungenregister in Pleno- und Solofunktion.
Der trotz seiner Schlichtheit eindrucksvolle Prospekt entspricht dem „Werkprinzip". Es galt in der Entstehungszeit dieser Orgel als verbindlich, dass Anordnung und Proportion aller Teilwerke optisch erkennbar sein sollen. So präsentiert die Orgelfront (von unten nach oben) das Brustwerk (mit sichtbaren Innenpfeifen, durch Falttüren verschließbar), das Schwellwerk (mit davor stehenden Pfeifen des Registers „Kupferprästant"), seitlich davon das geteilte Hauptwerk mit der horizontal angeordneten „spanischen Trompete", oben das Kronenwerk, das

Jehmlich-Orgel von
1963, Gesamtansicht

Ganze flankiert durch das Pedal
(Zungenpfeifen der Bombarde 32' mit
Kupferbechern). Ein belebendes Ele-
ment sind die drei Zimbelsterne.
Der Intonateur Werner Sehrer erstrebte
einen „schlanken", transparenten
Klang. Die am 31. Oktober 1963 mit
einem reichen Festprogramm einge-
weihte Orgel bestach vor allem durch
ihre Farbenvielfalt, erreichte jedoch
nur annähernd die erwartete kangli-
che Monumentalität. Orgelbaumeister
Otto Jehmlich veranlasste deshalb
akustische Untersuchungen und daran
anknüpfend in den Folgejahren eine
wiederholte Erhöhung des Winddrucks
sowie eine veränderte Besetzung der
Hauptwerk-Mixturen. 1966/67 und
1983 führte die Erbauerfirma technische und klangliche Korrekturen aus:
Verbesserungen der Traktur, Einbau
elektrischer Koppeln, Nachintonation
u. a.

Die Erneuerung 2004 bis 2008

Vierzig Jahre nach Fertigstellung der
Orgel war eine umfassende Erneuerung
unumgänglich. Klang und technische
Funktion waren durch Verschmutzung,
klimatisch bedingte Schäden und Ver-
schleiß erheblich beeinträchtigt. Raum-
akustische Korrekturen im Rahmen einer Renovierung des Kirchenraums
2000/2004 – unter anderem wurden
störende zu lange Nachhallzeiten für
tiefe Frequenzen durch Tiefenabsorber
abgesenkt – erforderten eine klangliche
Anpassung. Dazu kam, dass sich in den
zurückliegenden Jahrzehnten die Sicht
auf das orgelmusikalische Erbe erweiterte und der romantisch-symphonische
Orgelstil größere Bedeutung erhielt. So
wuchs der Wunsch, die Klanggestalt
dieser Orgel durchgreifend zu überar-
beiten, ohne das Gesamtkonzept von
1963 aufzugeben.
2004–2005 erfolgte die notwendige
Sanierung durch den Jehmlich Orgel-

Seite 32:
Oben:
Spielschrank von 1963

Unten:
Spielschrank von 2004

Seite 33:
Oben links:
Mixturen des
Hauptwerks

Oben rechts:
Zungenregister des
Brustwerks

Unten links:
Basspfeifen des Pedals
und Kleinpedal

Unten rechts:
Erneuerte Tontraktur

bau Dresden. Bei der Nachintonation durch Bernhard Dobberkau wurden die Charaktere der Einzelregister deutlicher herausgearbeitet. Vor allem überzeugt danach die Gesamtwirkung durch Geschlossenheit und raumfüllende Kraft.

Die Einzelwerke verfügen seit 2005 über folgende Winddruckmaße:

Hauptwerk:	92 mm WS
Kronenwerk:	80 mm WS
Schwellwerk:	87 mm WS
Brustwerk:	75 mm WS
Pedal 32':	100 mm WS
Großpedal:	75 mm WS
Kleinpedal:	70 mm WS

Durch 140 eingefügte Pfeifen wurden die Pfeifenlängen dem erhöhten Winddruck angepasst. (Z. B. wurde im Hauptwerk der Druck seit 1963 um 22 mm WS angehoben!)

Dazu kam, geplant in Zusammenarbeit von Kreuzorganist Holger Gehring mit der Orgelwerkstatt, die technische Optimierung des Instrumentes: Veränderungen der Tontraktur, neuer Spieltisch (angelehnt an das vorherige Design) mit veränderter Manualfolge, rein elektrische Registersteuerung, Setzeranlage, elektrische Koppeln (vervollständigt und durch Oktavkoppeln erweitert) sowie frei programmierbares Registercrescendo. Der Wirkungsgrad des Jalousieschwellers wurde durch ein doppelschaliges Schwellergehäuse erhöht. Die Wiederweihe erfolgte am 31. Juli 2005.[34]

Mit dem Einbau vier zusätzlicher Register – intoniert von Marcus Schanze – auf einer Ergänzungslade im Schwellwerk erhielt die Orgel 2008 ihre gegenwärtige Gestalt.

Große Jehmlich-Orgel von 1963/2008

Gebrüder Otto und Rudolf Jehmlich (Opus 800)

Ursprünglich IV/76, seit 2008 IV/80, Schleifladen, mechanische Tontraktur und elektrische (bis 2004 elektropneumatische) Registertraktur. Manualumfang: C – a³, Pedalumfang: C – g¹.

HAUPTWERK, I. MANUAL (urspr. II. Man.)		KRONENWERK, II. MANUAL (urspr. III. Man.)	
Prinzipal	16' (Prospekt)	Quintatön	16'
Oktave	8'	Prinzipal	8' (Prospekt)
Rohrflöte	8'	Zinngedackt	8'
Gemshorn	8'	Spitzgambe	8'
Oktave	4'	Oktave	4'
Spitzflöte	4'	Blockflöte	4'
Quinte	2²/₃'	Nasat	2²/₃'
Oktave	2'	Oktave	2'
Flachflöte	2'	Terz	1³/₅'
Kornett	II–IV	Septime	1¹/₇' (C – fis⁰ 4/₇')
Großmixtur	V–VI (16'-bezogen, urspr. IV - V)	Schwiegel	1' (ab dis³ 1¹/₃')
		Scharf	V–VI
Kleinmixtur	VI–VII (urspr. IV–V)	Quintzimbel	III
Fagott	16'	Rankett	16'
Spanische Trompete	8' (Prospekt)	Krummhorn	8'
		Rohrschalmei	4'

SCHWELLWERK, III. MANUAL (urspr. I. Man.)	
Spitzgedackt	16'
Kupferprästant	8' (Prospekt)
Engprinzipal	8' (2008)
Traversflöte	8' (2008, ab fis^1 überblasend)
Koppelflöte	8'
Weidenpfeife	8'
Schwebung	8' (2008, ab c^0)
Prinzipalflöte	4'
Spitzgambe	4'
Oktave	2'
Singend Nachthorn	2'
Hornwerk	II–III (16'-bezogen)
Sesquialtera	II
Mixtur	VI–VII
Tonus fabri	II
Bombarde	16'
Trompete	8'
Oboe	8' (2008)
Clarine	4'

BRUSTWERK, IV. MANUAL	
(durch Falttüren schwellbar)	
Holzgedackt	8'
Quintatön	8'
Engprinzipal	4'
Rohrflöte	4'
Spitzoktave	2'
Querflöte	2' (ab c^0 überblasend)
Rohr-/Gemsquinte	1^1/$_3$' (ab c^0 überblasend)
Oktavzimbel	II
Carillon	III
Rohrkrummhorn	16'
Bärpfeife	8'
Trichterregal	4'

PEDAL („K" = Kleinpedal)	
Untersatz	32'
Prinzipalbass	16'
Subbass	16'
Zartpommer	16'
Oktavbass	8'
K Holzflöte	8'
K Oktave	4'
K Rohrpfeife	4'
K Dolkan	2'
K Jauchzende Pfeife	II (1' + 1')

Fortsetzung PEDAL	
K Basszink	IV
Rauschwerk	V
K Choralmixtur	IV
Bombarde	32' (Prospekt)
Posaune	16'
K Dulzian	16'
Trompete	8'
K Feldtrompete	4'
K Singend Kornett	2'

NEBENREGISTER UND SPIELHILFEN (seit 2005)

Tremulanten für II., III., IV. Manual und Kleinpedal mit regelbarer Vibratofrequenz,
3 Zimbelsterne mit jeweils 6 Glöckchen in unterschiedlicher nicht harmonischer Tonfolge,
Normalkoppeln II/I, III/I, IV/I, III/II, IV/II, I/P, II/P, III/P, IV/P,
Suboktavkoppeln II/I, III/I, II/II, III/II, III/III,
Superoktavkoppeln III/I, III/II, III/III, III/P,
(alle Koppeln elektrisch, gesteuert durch opto-elektronische Kontakte),
Setzeranlage mit 4000 Kombinationen, Serienschalter 1–8 und Sequenzer < und > (Druckleisten unter dem I. Manual und Fußpistons sowie numerische Tastaturen in zwei Schubkästen),
Datenspeicher über USB-Port,
Einzelzungenabsteller,
Handregister ab,
Registercrescendo mit 4 freieinstellbaren Programmen,
Tritte für Schweller III. Manual und Falttürenschweller IV. Manual,
Digitalanzeigen für Setzerkombinationen, Registercrescendo und Schweller,
Zwei ausschwenkbare Monitor-Bildschirme für Kamera-Sicht auf Altarplatz und Chorempore.

Oboe von 2008

Die „liegende" Wegscheider-Orgel von 2008 und ein Blick in die Zukunft

Durch den Verkauf der Jehmlich-Orgel auf dem Altarplatz fehlte an dieser Stelle seit 2002 ein Instrument für Ensembleaufführungen. Kreuzorganist Holger Gehring und Orgelbaumeister Kristian Wegscheider konzipierten ein einmanualiges Instrument für Continuospiel und ausgewählte Sololiteratur. 2007/2008 entstand diese „liegende Orgel" – gemeint ist: „Orgel mit liegenden Pfeifen" –, intoniert von Reinhard Schäbitz und eingeweiht am 3. Mai 2008.

Durch die geringe Höhe bietet diese Großform eines Truhenpositivs guten Sichtkontakt beim Musizieren. Die Pfeifen sind leicht schräg liegend untergebracht. Die Konstruktion ist angeregt durch historische Instrumente ähnlicher Bauweise, u. a. durch die „liegende Orgel" von Paul Prescher in der Klosterkirche Mönchsdeggingen (1693). Bei Bedarf kann ein Pedalregister Subbass 16' angefügt werden (mit eigenem Gehäuse im Rücken des Spielers).

„Liegende Orgel"

Kristian Wegscheider (2008).

Ein Manual, 9 Register + Pedal-Subass, Schleifladen, mechanische Traktur, Manualumfang C – d³, Pedalumfang C – d¹. Das Pedal ist fest an das Manual angehängt.

MANUAL		PEDAL	
Prinzipal	8' (C - H aus Gedackt)	Subbass	16'
Gedackt	8'		
Oktave	4'		
Flöte	4' (gedackt)		
Quinte	2²/₃'		
Superoktave	2'		
Terz	1³/₅' (ab c⁰)		
Zimbel 2fach	1¹/₃'		
Regal	8'		

Die Orgel kann auf die Stimmtonhöhen 415, 440, 465 Hz transponiert werden. Die Pfeifenbauweise erlaubt auch die Umstimmung auf Stimmton 430 Hz sowie auf verschiedene Stimmungsarten.

Nach wie vor fehlt jedoch eine größere Orgel auf dem Altarplatz. Wünschenswert ist ein mehrmanualiges Instrument, dessen Klangkapazität auch die Anforderungen der Ensemblemusik des Spätbarock, der Romantik und nachfolgender Epochen erfüllt, und für liturgische Verwendung geeignet ist. Neben einer ausreichenden Palette von Grundregistern und raumfüllender Intonation sollte es ein Schwellwerk und die notwendigen Registrierhilfen aufweisen. Architektonisch stellt sich die Aufgabe, ein solches Instrument feinfühlig in den Altarbereich der Kirche einzuordnen. – Die Suche nach Lösungen hat begonnen.

Besetzungsbeispiele mehrchöriger Register

Großmixtur V - VI (Hauptwerk)

	8'	$5\frac{1}{3}'$	4'	$2\frac{2}{3}'$	2'	2'	$1\frac{1}{3}'$	1'	$\frac{2}{3}'$	$\frac{1}{2}'$
C					2'		$1\frac{1}{3}'$	1'	$\frac{2}{3}'$	$\frac{1}{2}'$
B			4'		2'		$1\frac{1}{3}'$	1'	$\frac{2}{3}'$	
gis^0			4'	$2\frac{2}{3}'$	2'		$1\frac{1}{3}'$	1'		
fis^1	8'		4'	$2\frac{2}{3}'$	2'		$1\frac{1}{3}'$	1'		
e^2	8'	$5\frac{1}{3}'$	4'	$2\frac{2}{3}'$	2'		$1\frac{1}{3}'$			
fis^3	8'	$5\frac{1}{3}'$	4'	$2\frac{2}{3}'$	2'	2'				

Kleinmixtur VI - VII (Hauptwerk)

	4'	4'	$2\frac{2}{3}'$	$2\frac{2}{3}'$	2'	2'	$1\frac{1}{3}'$	$1\frac{1}{3}'$	1'	$\frac{2}{3}'$	$\frac{1}{2}'$	$\frac{1}{3}'$	$\frac{1}{4}'$
C							$1\frac{1}{3}'$		1'	$\frac{2}{3}'$	$\frac{1}{2}'$	$\frac{1}{3}'$	$\frac{1}{4}'$
B					2'		$1\frac{1}{3}'$		1'	$\frac{2}{3}'$	$\frac{1}{2}'$	$\frac{1}{3}'$	
gis^0					2'		$1\frac{1}{3}'$	$1\frac{1}{3}'$	1'	$\frac{2}{3}'$	$\frac{1}{2}'$		
fis^1	4'				2'	2'	$1\frac{1}{3}'$	$1\frac{1}{3}'$	1'	$\frac{2}{3}'$			
e^2	4'		$2\frac{2}{3}'$		2'	2'	$1\frac{1}{3}'$	$1\frac{1}{3}'$	1'				
d^3	4'	4'	$2\frac{2}{3}'$	$2\frac{2}{3}'$	2'	2'	$1\frac{1}{3}'$						

Ähnlich besetzt, ebenfalls mit Doppelchören, sind Scharf im Kronenwerk und Mixtur im Schwellwerk.

Carillon III (Brustwerk)

	$2\frac{2}{3}'$	$1\frac{3}{5}'$	$1\frac{1}{3}'$	$\frac{8}{9}'$	$\frac{4}{5}'$	$\frac{2}{3}'$	$\frac{4}{9}'$	$\frac{2}{5}'$	$\frac{1}{3}'$	$\frac{2}{9}'$	$\frac{1}{6}'$
C								$\frac{2}{5}'$		$\frac{2}{9}'$	$\frac{1}{6}'$
Gis						$\frac{2}{3}'$		$\frac{2}{5}'$		$\frac{2}{9}'$	
e^0					$\frac{4}{5}'$		$\frac{4}{9}'$		$\frac{1}{3}'$		
c^1			$1\frac{1}{3}'$		$\frac{4}{5}'$		$\frac{4}{9}'$				
gis^1		$1\frac{3}{5}'$		$\frac{8}{9}'$		$\frac{2}{3}'$					
e^2	$2\frac{2}{3}'$	$1\frac{3}{5}'$		$\frac{8}{9}'$							
c^3	$2\frac{2}{3}'$	$1\frac{3}{5}'$	$1\frac{1}{3}'$								

Oktavzimbel II (Brustwerk)

	4'	2'	1'	$\frac{1}{2}'$	$\frac{1}{4}'$	$\frac{1}{8}'$
C				$\frac{1}{2}'$		$\frac{1}{8}'$
F			1'		$\frac{1}{4}'$	
a^0		2'		$\frac{1}{2}'$		
cis^2	4'		1'			
f^3	4'	2'				

Tonus fabri II (Schwellwerk) beginnt mit $\frac{2}{3}'$ + $\frac{1}{4}'$ und repetiert auf c^0, fis^0, dis^1, c^2, a^2 und fis^3 (jeder Chor enthält abwechselnd Oktaven und Quinten).

Hornwerk II - III (Schwellwerk) hat ab c^1 die Besetzung $5\frac{1}{3}'$ + $3\frac{1}{5}'$ + $2\frac{2}{7}'$ mit Gemshornpfeifen, in den tieferen Lagen ist das Register reduziert und mit Quintatön- und Gedacktpfeifen versehen.

Basszink IV (Pedal) besteht aus Gedackt $5\frac{1}{3}'$ + Rohrgedackt $3\frac{1}{5}'$ + konischer Flöte $2\frac{2}{7}'$ + zylindrischer Flöte $1\frac{7}{9}'$. Rauschwerk V und Choralmixtur IV (Pedal) besitzen Oktav- und Quintchöre in Prinzipalbauweise.

Seite 36: „Liegende" Wegscheider-Orgel von 2008

Die Orgelbauerfamilie Jehmlich

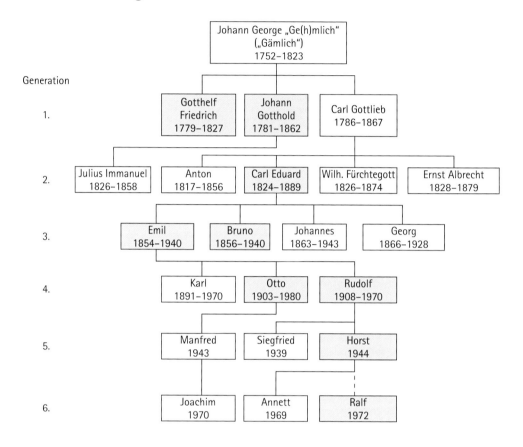

Genannt sind alle Orgelbauer der sechs Generationen mit dem Nachnamen Jehmlich. Gotthelf Friedrich und Johann Gotthold Jehmlich begannen ihre Orgelbautätigkeit 1808 im erzgebirgischen Cämmerswalde. Mit ihren Arbeiten in der Kreuzkirche verlegten sie ihr Wirken nach Dresden. Den Dresdner Betrieb führten ab 1862 Carl Eduard Jehmlich, ab 1889 Emil und Bruno Jehmlich, ab 1938 Otto und Rudolf Jehmlich und ab 1973 Horst Jehmlich. Seit 2006 ist Horsts Schwie-gersohn Ralf Jehmlich (verheiratet mit Evelyn Jehmlich) als Geschäftsführer tätig.

Die Namen der Dresdner Werkstattleiter sind blau, die der Zwickauer Linie gelb gekennzeichnet.

Zum reichen, über zweihundertjährigen Schaffen der Orgelbauerfamilie gehören allein für die Dresdner Kreuzkirche neun Neubauten unterschiedlicher Größe, vier Umbauten und die grundlegende Erneuerung der großen Orgel zwischen 2004 und 2008.

Anmerkungen

1 Stadtarchiv A.XVI.20; Codex 71
2 Praetorius 1619, S. 99
3 Stadtarchiv D.XXXIV.28ʳ
4 Stadtarchiv D.XXXIV.2 und 28ᵇ
5 Stadtarchiv D.XXXIV.28ᵇ
6 Flade 1931, S. 106
7 Stadtarchiv D.XXXIV.28ᵈ
8 Stadtarchiv D.XXXIV.28ᵉ
9 Stadtarchiv B.III.36., Bl. 1ff.
10 Stadtarchiv B.III.36, Bl. 32–37
11 Stadtarchiv B.III.36, Bl. 116f.
12 Stadtarchiv B.III.62
13 Jehmlich-Archiv, Abschrift, Bl. 1v.
14 Jehmlich-Archiv, Abschrift, Bl. 11v.
15 Stadtarchiv XXXIV.28ʳ, Bl. 122f.
16 Jehmlich-Archiv
17 Jehmlich-Archiv; Zfl Bd. 21, 1900/1901
18 Kreuzkirchen-Archiv, K Nr. 85, Bd. 1, Bl. 150
19 Schmerler 1998 b, S. 346f.
20 Kreuzkirchen-Archiv, K, Nr. 85, Bd. 1, Bl. 81
21 Kreuzkirchen-Archiv, K, Nr. 27, Bd. XI, Bl. 14
22 Rühle o. J.; Zfl Bd. 57, 1936/37, S. 120
23 Jehmlich-Archiv
24 Jehmlich-Archiv
25 Jehmlich-Archiv
26 Jehmlich-Archiv
27 Greß 1994, S. 36ff.
28 Jehmlich-Archiv
29 Jehmlich-Archiv
30 Greß-Archiv
31 Greß-Archiv
32 Greß-Archiv
33 Greß-Archiv
34 Jehmlich-Archiv

Seite 40:
Innenansicht nach
Westen

Seite 41:
Innenansicht nach
Osten

Der Autor gedenkt des Orgelbaumeisters Otto Jehmlich, der ihm die Mitarbeit an der Planung der großen Orgel von 1963 ermöglichte. Und er dankt allen, die ihn beim Zustandekommen der vorliegenden Schrift unterstützten, vor allem den Herren Orgelbaumeistern Horst und Ralf Jehmlich, Herrn Orgelbauer Matthias Lang, Herrn Uwe Keller, Archivpfleger der Kreuzkirchgemeinde, sowie den Mitarbeiterinnen und Mitarbeitern des Stadtarchivs Dresden.

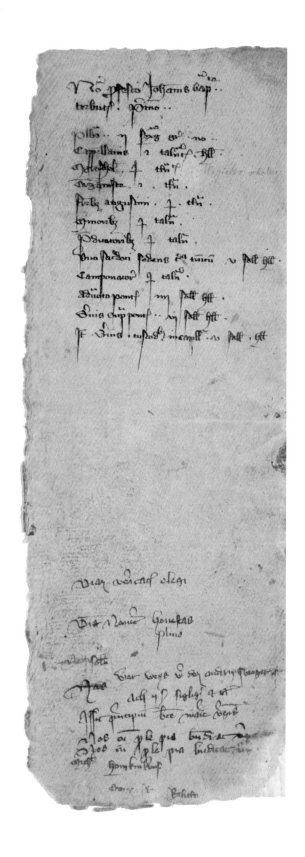

Holger Gehring

Organisten der Kreuzkirche zu Dresden

Einführung

Das Amt des Kreuzorganisten ist eines der traditionsreichsten seiner Art. Die Nachrichten über die Organisten an der früheren Nikolai- und heutigen Kreuzkirche reichen bis in das Jahr 1370 zurück und gehören somit zu den ältesten Zeugnissen über Organisten überhaupt. Wann die sicher schon früher ausgeübte Orgelmusik in der bereits vor 1234 bestehenden Markt- und Nikolaikirche jedoch genau begann, bleibt unklar.

In die sogenannte Kreuzkapelle der damaligen Nikolaikirche wurde 1234 ein Partikel des Kreuzes Christi verbracht. Deshalb und wegen des ebenfalls dort befindlichen sogenannten „schwarzen Herrgotts", einem der Legende nach vor 1270 auf der Elbe angeschwemmtem und mit Menschenhaut überzogenem Kruzifix, setzte anschließend eine große Wallfahrt ein. Daraufhin wurde 1388 die vormalige Nikolaikirche in Kirche zum Heiligen Kreuz Christi umbenannt. Bereits im Mittelalter wirkten mit Kantor und Organist stets zwei Musiker gleichzeitig an der Kirche. Diese früher vielfach übliche, heute zumeist nicht mehr vorhandene Tradition hat sich hier erhalten.

Fünf große Kirchenbrände haben seither nicht nur viele der Orgeln zerstört, die dort erbaut wurden, sondern auch zahlreiche Akten vernichtet, so dass nur ein lückenhaftes Bild, gleichsam „Schlaglichter", durch die Jahrhunderte währende Geschichte der Organisten und der Orgelmusik an diesem Ort gezeichnet werden kann.

Die meisten Kreuzorganisten blieben bis zu ihrem Tode im Amt (in nachfolgender Übersicht mit * gekennzeichnet). Etliche Kreuzorganisten, aber auch Kreuzkantoren, waren als Orgelkomponisten bekannt: Gottfried August Homilius, Gustav Adolf Merkel, Herbert Collum oder Michael Christfried Winkler. Andere hingegen wurden vor allem wegen ihrer Improvisationskunst gerühmt wie etwa Alfred Sittard, der außerdem wesentlich zur frühen Verbreitung des Orgelwerks von Max Reger beitrug.

Alle diese Musiker waren selbstverständlich in das Dresdner Musikleben eingebunden. Darüber hinaus hielten einige aber auch internationale Kontakte oder persönliche Bindungen zu den berühmtesten Musikern oder Persönlichkeiten ihrer Zeit, so z. B. Gustav Adolf Merkel zu Robert Schumann oder Bernhard Pfannstiehl zu Franz Liszt und seinem Schülerkreis sowie zu Albert Schweitzer. Vor allem die musikalisch besonders reich ausgestalteten Vespern, aber auch Orgelkonzerte haben seit Jahrhunderten eine feste Tradition in der Kirchenmusik an der Kreuzkirche und das schon zu Zeiten, in denen solche Veranstaltungen noch eher unüblich waren.

Von der ersten Erwähnung bis in die Gegenwart sind folgende Organisten nachweisbar: [1]

1370	Organist erwähnt, aber ohne Namensnennung
1371	Organisten und Orgelspiel erwähnt, aber ohne Namens-nennung
1491	Organist Nikolaus genannt
1498	Organist Johanßen genannt
1513	Organist Baltasar genannt
1535	Organist erwähnt, aber ohne Namensnennung[2]
1595	Caspar Geist genannt[3]
1600 bis 1618	Mathias[4] Schreiber (wird 1600 erstmals genannt) *
1618 bis 1650	Eliaß Ließberger[5] *
1650 bis 1695	Alexander Heringk *
1695 bis 1725	Emanuel Benisch senior *
1725[6] bis 1742	Emanuel Benisch junior *
1742 bis 1768	Christian Heinrich Gräbner * [7]
1769 bis 1789	Johann Friedlieb Zillich *
1789 bis 1801	August Friedrich Wilhelm Günther *
1801 bis 1822	Johann Gottfried Lommatzsch *
1822 bis 1836	Johann Christlieb Lebrecht Ochß *
1837 bis 1859	Christian Gottlob Höpner *
1859 bis 1864	Gustav Adolf Merkel (ging an die Dresdner Katholische Hofkirche)
1864 bis 1885	Christian Robert Pfretzschner *
1885 bis 1902	Emil Robert Höpner (ging in den Ruhestand)
(1902 bis 1903	interimsweise Max Birn)
1903 bis 1912	Alfred Sittard (ging zur Michaeliskirche Hamburg, danach an den Berliner Dom)
1912 bis 1935	Bernhard Pfannstiehl (ging in Ruhestand)
1935 bis 1982	Herbert Collum *
1982 bis 2001	Michael Christfried Winkler (ging in vorzeitigen Ruhestand)
2002 bis 2004	Martin Schmeding (ging an die Musikhochschule Freiburg)
Seit 2004	Holger Gehring

Vom Mittelalter bis zur Reformation

Das Orgelspiel belief sich im Mittelalter wie auch in den nachfolgenden Jahrhunderten sicherlich ausschließlich auf die liturgischen Dienste. Damals herrschte ein reiches kirchliches Leben: An den zahlreichen Altären der Kreuzkirche – ihre Zahl wuchs schließlich bis auf 28 an – fanden im Mittelalter wöchentlich 136 zumeist „stille" Messen statt.[8] Hinzu kamen die täglichen Stundengebete und andere liturgische Handlungen und über das Jahr verteilte, größere Wallfahrten und Festlichkeiten. Besonders hervorzuheben ist das schon im frühen 13. Jahrhundert durch Heinrich den Erlauchten erstmals mit Privilegien für die Wallfahrer ausgestattete Johannisfest (23. bis 25. Juni), aber auch z. B. das Fest der Kreuzesauffindung (3. Mai) und das 1234 mit besonderem Ablass ausgestattete Fest der Kreuzerhöhung (14. September).[9]

1370 – der erste nachweisbare Organist

An Johannis 1370 beginnt mit der Nennung des „organista" im „census

sanctae crucis", der ältesten Rechnungsliste Dresdens auf Papier, die nachweisbare Geschichte der Organisten der Kreuzkirche.[10] Nähere Informationen über die Tätigkeiten der Organisten im Mittelalter sind nicht überliefert, vielmehr findet sich ihre Erwähnung aufgrund ihrer Entlohnung im o. g. Ausgabenregister der damaligen Markt- oder Nikolaikirche bzw. in den Brückenamtsrechnungen. Der Zoll der heutigen Augustusbrücke wurde von der Kreuzkirche verwaltet und über mehrere Jahrhunderte hinweg u. a. für die Bezahlung der Organisten verwendet.

Im Jahr 1371 wurde der von den gemeinsam regierenden markgräflichen Brüdern Friedrich dem Strengen und Balthasar gestiftete Altar Mariae et Materni in der Kreuzkapelle folgendermaßen ausgestattet: „sollempnitatem missae sabbatinis diebus agendam ... cum singulis attinentiis, videlicet cantoribus, organis, luminaribus altarisque ministris"[11], d. h. „an Sonnabenden soll die Feierlichkeit der Messe mit einigen Helfern ermöglicht werden, selbstverständlich mit Sängern, Orgeln und lichtertragenden Altarministranten"[12]. Hiermit ist also das Orgelspiel auf mehreren Orgeln belegt. Im weiteren Verlauf der Urkunde werden bei der Bezahlung ebenfalls mehrere Organisten erwähnt, die zusammen dieselbe Summe von jährlich 61 Groschen bekommen wie der als Einzelperson genannte „Schulmeister", also der Kantor[13]. Zusammen mit dem Chorgesang ist es ein Zeugnis einer vergleichsweise reichen Kirchenmusikpflege, wenn man bedenkt, dass in der Frauenkirche noch 1499 nur ein neben der Orgel stehender Priester mit dem Priester am Altar respondierend die liturgischen Stücke sang.[14] Auch lässt sich vermutlich die noch heute große Bedeutung der sonnabends kirchenmusikalisch reich ausgestalteten Vespern, die sich durch alle Jahrhunderte hinweg feststellen lässt, letztlich auf diese Stiftung zurückführen.

Die o. g. Altarstiftung der Kreuzkirche geht sicherlich auf die große Kreuzesverehrung des Kreuzessplitters Christi und des Kruzifix' des schwarzen Herrgotts zurück. 1388 wurde daher auch die bisherige Nikolaikirche in ‚Kirche zum Heiligen Kreuz Christi' umbenannt. In diesem Jahr findet sich auch die weitere Erwähnung eines Organisten.

Die Existenz zweier Orgeln wird 1389 durch den Hinweis „tam in majoribus et minoribus organis"[15] bestätigt. Diese Ausstattung mit einer großen und einer kleinen Orgel und das Spiel auf beiden Instrumenten hielten sich bis zur Zerstörung der Kirche im 18. Jahrhundert. Die große Orgel wurde dabei an Festtagen nicht nur solistisch, sondern auch zusammen mit Bläsern gespielt, wie es im ältesten Dresdner Stadtbuch von 1404 jährlich für 25 kirchliche und Heiligenfeste belegt ist: „man gebit den Blesern yre droyen ieglichen alle jar 16 gr., das sie der grosen (!) orgeln mit flise warten sollen und blasen zu desin nachgeschreibin festin"[16].

Über die Aufgaben, die für den Organisten über das reine Orgelspiel hinausgingen, findet sich folgende Angabe: „Der Organist war bisweilen nebenbei auch noch Glöckner, und 1432 hatte man ihm, um ihm eine kleine Mehreinnahme zu sichern, dazu noch das ‚Seygerstellen' übertragen"[17], also das Aufziehen der Turmuhr.

1462 wurden „vf johannis baptiste vom gelde auß dem Stock jn der kirchen"[18] 20 Groschen für den Organisten und 10 Groschen dem Kalkanten „vom kleinen wergk"[19] verbucht. Außerdem wurde 1 Schock verbucht „dem organisten uf eyn jar von großen wergke. Bisundern gibit man dem organisten 40 gr., das her die wercke bessert und in weßen heldit, halb uf Walpurgis und halb uf Michaelis. 48 gr. Gibit man uf eyn jar calcantibus vom großen wercke."[20] Damit findet sich bereits Wesentliches, dass fortan über Jahrhunderte Bestand hatte: Die Organisten hatten außer dem reinen Orgelspiel auch die Orgeln instand zu halten. Ihre Bezahlung erfolgte für ihre regelmäßigen Dienste in größeren Abständen zu den damals auch allgemein für Zahlungen üblichen (kirchen-)jahreszeitlichen Terminen wie Walpurgis (30. April), Johannis (24. Juni), Michaelis (29. September) und Lucia (13. Dezember).

1491 – Organist Nikolaus

1491, im Jahr des großen Dresdner Stadtbrands, der am 15. Juni auch die Kreuzkirche zerstörte, wurde ein Organist Nikolaus erwähnt. Der Wiederaufbau der Kirche erfolgte in sieben Jahren. Im ausgehenden 15. Jahrhundert gewann neben den bereits o. g. Festtagen und z. B. am Fronleichnamsfest stattfindenden Prozessionen vor allem das um 1480 eingeführte und bis zur Reformation bestehende geistliche „Johannisspiel" zunehmend an Bedeutung. Dieses wird aus der für 1491 errechneten Besucherzahl des Johannisfestes von mindestens 17.300 Personen gegenüber höchstens 6000 Einwohnern der Stadt ersichtlich.[21]

Neben dem liturgischen Orgelspiel und der Instandhaltung der Orgeln vereinbarte der Rat mit dem Organisten 1491 eine Gehaltszulage „vom Seyger zu stellen und dem Tagehorn"[22], d. h. für die Bedienung der Turmuhr und das Blasen des Tagehorns.

1498 – Organist Johanßen

Aus der Zeit nach dem 1494 durch Caspar Koler aus Pirna erfolgten Orgelneubau stammt die Notiz, dass 1498 „ern Johanßen dem Organisten uff ein jor von der orgell doruff zcu slahenn. 10 gr. dem kalkannten"[23] gebucht wurden.

Der Organist gehörte ebenso wie der Schulmeister (Kantor) im Mittelalter ursprünglich dem geistlichen Stand an.[24] Doch gab es auch Ausnahmen, wie eine Notiz in den Brückenamtsrechnungen aus dem Jahr 1503 belegt. Demnach erhielt der Organist abweichend von der Norm statt der für Priester üblichen Einkünfte aus geistlichen Lehn und ihrer Stolgebühren[25] ein Gehalt, „sondern dieweil man keinen Priester hat haben können und er ist nicht Priester gewest, hat er mit seinem Lehne nicht auskommen können."[26]

1513 – Organist Baltasar

1512 bis 1514 bekam die Kreuzkirche eine neue, zweimanualige Orgel auf der Westempore durch Blasius Lehmann aus Bautzen, der danach auch noch eine kleine Orgel für den Sängerchor über der Sakristei erbaute. 1513 ist gebucht: „1 ß 3 gr. Baltasar dem

Abendmahlsgang im Chorraum der alten Kreuzkirche vor der Zerstörung 1760

organisten vor ein orgelbuch zu den orgeln beiden gekoufft u. s. w."[27] Es wird begründet vermutet, dass es sich dabei angesichts einer solch hohen Summe um den Kauf von Arnold Schlicks 1512 im Druck erschienenen „Tabulaturen etlicher lobgesang vnd liedlein vff die orgeln und lautten" handeln könnte.[28]

1520 erfolgte die Bezahlung des Organisten aus dem vom Rat der Stadt inkorporierten „Benefizium Sancti Levini"[29]. Diese Lehnsinhaber hatten außerdem freie Wohnung.

Am 6. Juli 1539 wurde unter Herzog Heinrich dem Frommen mit einem Gottesdienst in der Kreuzkirche die Einführung der Reformation in Sachsen begangen. Damit war das damalige Kursachsen das erste deutsche lutherische Land und nahm die führende Rolle unter den deutschen Ländern evangelischen Bekenntnisses ein, bis August der Starke (Kurfürst Friedrich August I. von Sachsen) 1697 zum Katholizismus wechselte, um König von Polen werden zu können.

1595 – Caspar Geist

Für das Jahr 1595 ist der Organist Caspar Geist nachweisbar.[30] Auch er spielte auf den o. g. Orgeln Lehmanns.

Renaissance und Barock

ca. 1600 bis 1618 – Mathias Schreiber

Wie damals allgemein üblich, gab es keine Witwen- und Waisenrenten. Der 1600 erstmals genannte Organist Mathias Schreiber starb offenbar früh im Amt. Seine Frau Maria war zu diesem Zeitpunkt ebenfalls bereits „tödlich krank", Schreiber hinterlässt auch „kleine Kinderlein"[31]. Daher bat er noch auf seinem Sterbebett am 18. Mai 1618 den Rat der Stadt, die halbe Besoldung auch nach seinem Tode an seine Frau weiterzuzahlen. Diese erneuerte kurze Zeit später nochmals das Gesuch, um weiter leben und ihre Kinder aufziehen zu können.[32]

1618 bis 1650 – Eliaß Ließberger

Um Schreibers Nachfolge bewarben sich mehrere Organisten, darunter am 22. Mai 1618 Eliaß Ließberger[33], dem am 20. Juni 1618 seine Berufung zum Organisten an der Kreuzkirche mitgeteilt wurde.[34] Die weiteren Bewerber waren neben einem vom bis 1615 als Kreuzkantor und danach als Archidiakonus der Kreuzkirche tätigen M. Samuel Rühling vorgeschlagenen Kandidaten noch mit Abraham Heringk (Organist in Altendresden, d. h. an der heutigen Dreikönigskirche in der Inneren Dresdner Neustadt) und dem damaligen Organisten der Sophienkirche zwei Organisten, die bereits an Dresdner Kirchen tätig waren. Dieses Phänomen, dass sich die Organisten der anderen Dresdner Kirchen um das Amt des Kreuzorganisten bewarben und das in einigen Fällen sogar zu einem „Aufrücken" der Organisten untereinander führte, ist hier erstmals nachweisbar und zieht sich fortan durch viele Jahrhunderte hindurch. Gründe dafür waren stets nicht nur das abgestufte Ansehen der Organistenstellen untereinander, sondern auch die damit zusammenhängende, unterschiedlich hohe Besoldung. Die Kreuzorganistenstelle stand dabei stets an erster Stelle, gefolgt von Frauen- und Sophienkirche und danach Dreikönigskirche, am Schluss Johannis- und Waisenhauskirche.

48

Eliaß Ließberger war Sohn des Dresdner Bürgers Hans Ließberger[35] und vor seiner Tätigkeit an der Kreuzkirche im Dienste des Grafen zu Bünau auf Schloss Weesenstein tätig[36], wo er einer der Amtsvorgänger Andreas Hammerschmidts war. Da es ihm dort nicht möglich war, sofort aus seinem bestehenden Dienstverhältnis auszuscheiden, teilte er am 7. Juli 1618 dem Rat der Stadt Dresden mit, dass er erst auf Michaelis anfangen könne.[37]

Die Verzögerung bei der Beendigung seines bisherigen Dienstverhältnisses sowie die Tatsache, dass ihn der Rat der Stadt Dresden dennoch anstellte, mögen nicht zuletzt damit zusammenhängen, dass sich Ließberger nach eigener Angabe nicht nur „allhier zu Dresden, sondern auch in Venetia und anderswo"[38] hatte ausbilden lassen. Vermutlich nahezu zeitgleich studierte auch der von 1619 bis 1672 als Dresdner Hofkapellmeister tätige Heinrich Schütz aufgrund eines landgräflichen Stipendiums 1609 bis 1612 in Venedig bei Giovanni Gabrieli, dem Organisten des dortigen Markusdomes. Denkbar wäre, dass Ließberger Ähnliches durch den Bünauer Grafen ermöglicht wurde. Eine solche Ausbildung galt seinerzeit als wegweisend und besonders bedeutend, nachdem der 1608 bis 1612 als Dresdner Hoforganist tätige Hans Leo Haßler ab 1584 als erster Deutscher in Italien ebenfalls in Venedig bei Giovanni Gabrielis Onkel Andrea Gabrieli studiert hatte. Während Ließbergers

Dresdner Amtszeit unternahm auch Heinrich Schütz von Dresden aus seine zweite Italienreise.

Ebenfalls ähnlich wie bei Schütz fällt Ließbergers nahezu gesamte Dresdner Tätigkeit in die Zeit des von 1618 bis 1648 andauernden 30-jährigen Krieges. Anlässlich der Orgelweihe der trotz Kriegszeiten 1642 bis 1644 renovierten und umgebauten beiden Orgeln der Kreuzkirche wurden eine Komposition des damaligen Kreuzkantors Michael Lohr über den 150. Psalm und eine Komposition von Ließberger über den 149. Psalm aufgeführt.[39]

Von 1644, dem Jahr der Fertigstellung des Neubaus der großen Orgel, stammt ein Spottgedicht, das sogar Eingang in die Ratsakten fand. Dabei könnte es sich um die Auffassung der namentlich unbekannten „beyden Verpflichteten" handeln, die 1644 in Anwesenheit des Hoforganisten (Matthias Weckmann oder Johann Klemm) die umgestaltete Orgel abgenommen haben.[40] Diese bedienten sich dabei vermutlich allegorischer Personen (Vinzenz stellvertretend für „Sieger", Alexius für „Beschützer"). Offenbar liebte es Ließberger mehr, sich weltlichen Eitelkeiten hinzugeben und weiter in althergebrachter Manier die umgebaute Orgel zu spielen, als zu üben und die in das Instrument neu eingebauten Stimmen adäquat zu nutzen.

Nach Ließbergers Tod bewarb sich am 26. Januar 1650 Alexander Heringk um dessen Nachfolge.[43] Er war Schüler

„Ein freundlich gesprech zwischen zwei gutten freunden Als Herren Vincens langen, Vnd Alexius kurtzen, so sie Vnlengst mit einander gehalten, wegen der nauen [neuen] Orgel zu S. cruçis, Vnd was sie sonsten ihren gutten bedincken [Bedünken] nach, vor [für] rathsam erachten, hat sich der günstige leser mit wenigen hierinnen zu ersehen. Im Jahr. 1.6.4.4.

Spottgedicht von 1644

49

Herr Vincens

Elias Ließberger der gute Man, Solte wol beßer die neu orgel schlan [schlagen],

wan er sich doch nur vnter dieser Zeit So der Orgelmacher dran gearbeit,

fein geübt hat vfn Pedal vnd Clauir, möcht er der orgel kön[nen] bas [besser] stehen für,

Herr Alex.

Ja was macht es, das sein[sind] die Vrsachen, er reit nur spatziren auff den gaßen,

in stiffeln vnd auch in sporn cue [zu] Pferdt, ia diese reutterey ist gantz nüchtt wert,

thut sich vmb[,] neu Zeitung[Neuigkeiten] zu erfaren, Solche ihm doch nichts nützen noch

schaden.

H. V.

Wehre [wäre] dis nicht beßer lies[s] solches nach, blieb zu Hauß vndt studirte ferner was,

Damit wan er kehm [käm] auff die neu orgel, vnd nicht machte das alte gewörgel.

Dan [Denn] er hat vorwahr so ein schönes Werck, wans nur gebraucht wird von ihm

nach gestalt.

H. A.

Ja wan er fein züge [zöge] das fundament, vnd lies doch nur zu frieden das Tzschittzwerck,

H. V.

Doch kans bis weillen gebrauchet werden, nach dems gelegenheit giebet [unleserlich]

eben.

H. A.

Wil[l] er doch vbern Orgelmacher sein, wan er ihm die stimmen thut ziehen ein,

Damits in der kirchen wohl soll klingen, aber elias thut ohn besinnen, wieder abzuziehen solche stimmen, so ihm nicht gefallen in seinem gehirn.

H. V.

Er könt mit Posaun trombon Schalmeyern, fagot regal Cornet[?] vntern geigen,

sich aus dermaßen sowohl hören lahn, wan nur elias nicht so faul wehr gahr,

nehme auch fleisig für sich sein Petal, studirte zu Hause in guten Choral.

Damit man auch vornehm [vernehme] was er schlüge, das[s] Zuhörer dran Beliebung

[Vergnügen] trüge,

setzte fein ab eine gutte mutet[Motette], wie solche auch in dem Autori sthet [steht].

50

schliege sie auch fein mit lust vnd manir, welchem ders versteht nicht
vbel gefiel.

H. A.
Ja freilich weil es in kirchen wol klingt, eine Motet so man gleich nicht
drein singt.

H. V.
So mus er nicht fort aus dem baße schlan Herr Cantor vorwahr[fürwahr]
wie ich euch auch

                                                 sag,
sonst wird elias fold[??] gahr vertroßen[verdrossen], und schlecht[schlägt]
nichts mehr als die

                                        alten Poßen.

Er thut sich auch oftmals darbei irren,
Wan ihm einkommen andere grilen,
schlecht er Corisch bey der Communion,
ia was für[vor] der predigt geschehen sol.

H. A.
Ich hab demnach die leng[Länge] nicht kön[nen] schweigen, sondern
mit Herrn Vincens

                                      dies anzeigen,

H. V. ret [redet] zum beschlus.
Nun lieber elias ihr gutter man, wollet vns beiden nicht vor vbel
han[nichts für ungut haben].
Das[s] wier ia es so gut mit euch meinen, vnd dis was

               euch nützt, hier thun vorschreiben [anmerken],
Drümb werdet ihr nun folgen vnsern rath, wirts euch
nicht reuen, was wier gesagt han.

Es hat dies gespreche sollen gedruckt werden, weil aber sich kein Ver-
leger hat darzu wollen finden, mag der günstige leser
also, mit dem verwillen [vorlieb] nehmen.“

von Heinrich Schütz[44] und zuvor ein-
einhalb Jahre lang als Organist in
Bautzen tätig gewesen[45], galt als „bra-
ver Organist“[46] und war zugleich Mu-
sikalienverleger[47]. Heringk selbst
meinte, dass er bevorzugt auf die
Probe zur Stellenbesetzung eingeladen

werden möchte, da Ließberger wollte,
dass Heringk die Stelle bekommen
solle, damit Ließbergers jüngste Tochter versorgt wäre.[48] Vermutlich hatte
Heringk diese geheiratet, wie es auch
schon aus dem berühmten Fall Dieterich Buxtehudes bekannt ist, der in
etwa derselben Zeit die Tochter seines
Amtsvorgängers Tunder heiratete und
der seine Amtsnachfolge wiederum an
die Heirat seiner Tochter knüpfte. Gemeinsam mit Heringk bewarben sich
im Januar 1650 sieben weitere Organisten, darunter der Organist aus Ra-

deberg und der Organist zu St. Petri in Freiberg.

Auch wenn Heringk einerseits mit dem 1661/62 erfolgten Neubau der kleinen Orgel durch Tobias Weller sicherlich fortan attraktivere Arbeitsbedingungen als zuvor hatte, findet er andererseits hinsichtlich der Entlohnung mehrfach Grund zur Klage. So wendet er sich am 29. Juni 1653 mit einem Gesuch um Gehaltserhöhung an den Rat der Stadt.[49] 1664 beklagte er Geldeinbußen wegen vergleichsweise wenigen Brautmessen, da viele Copulationes (Brautmessen) zu Hause mit Regal, Positiv oder Instrument und Stadtpfeifern und viele sonntags in der Frauenkirche begangen wurden und auch durch das Collegio Musico ausgestaltet wurden. Außerdem gebe es nur wenige Instrumentalschüler. Dadurch waren Heringk nur wenige zusätzliche Geldeinnahmen möglich.[50] Heringk oblag außerdem die musikalische Ausbildung der sogenannten „Ratsdiskantisten" des Kreuzchores.[51] Zu diesen zählte ab Februar 1671 bis zum Ausbruch der Pest 1680[52] auch Johann Kuhnau, der spätere Amtsvorgänger Johann Sebastian Bachs als Leipziger Thomaskantor.[53]

Vermutlich erschien durch Heringk im Rahmen seiner Musikalienverlegertätigkeit 1664 der erste Teildruck der „Weihnachtshistorie" von Heinrich Schütz, deren generalbassbegleitete Evangelistenpartie im „Stylo Recitativo" laut Vorwort „bißhero in Teutschland … im Druck noch nie" erschienen sei.[54]

Nachdem die Alumnen bereits am 11. Februar 1668 um die Beschaffung eines „organon" für ihre Musikausübung gebeten hatten, da das bisherige Regal verdorben sei, berichtet Heringk am 4. März d. J. dass „bey hiesiger Creutzkirchen ein Regal zu befinden, so vor vielen Jahren nicht allein Zu der Kirchen als auch Creutzschulen Zu dem Exercitio Musico, den auch zu den eingeführten Haußtrauungen gebrauchet worden"[55]. Man kommt seinem Gesuch nach, das Instrument nur noch für die private Übung zu verwenden und schafft ein neues Regal an, das künftig sowohl für die Kirchenmusik als auch für die Haustrauungen verwendet wird.[56]

Am 7. Dezember 1695 schreibt Heringk an den Rat der Stadt, dass er sich unpässlich fühle und empfiehlt, den Organistendienst seinem Schüler „Johann Heinrich Grebner (Gräbner) …vor andern aufzutragen"[57]. Nur wenige Tage danach, am 10. Dezember, schreibt Heringk, dass er seit fünf Wochen unpässlich sei und bittet darum, dass sein Schwiegersohn Christian Thiele, Organist in Chemnitz und ebenfalls sein früherer Schüler, zu einer Orgelprobe eingeladen wird – vermutlich, damit dieser sein Nachfolger wird.[58] Erneut spielten demnach Verwandtschaftsverhältnisse und damit die eigene Versorgung sowie die der nachfolgenden Generation eine Rolle. Heringk, anscheinend im Dezember nicht nur unpässlich, sondern sterbenskrank[59], starb jedoch bereits am 16. Dezember 1695 nach 46 Jahren Tätigkeit als Kreuzorganist, bevor seine Nachfolge geregelt werden konnte. Damit war er nach Herbert Collum, der im 20. Jahrhundert für 47 Jahre im Amt war, der am längsten amtierende Kreuzorganist.

1695 bis 1725 – Emanuel Benisch senior

Bereits ab November 1695 hatten sich acht Organisten um Heringks Nachfolge beworben, darunter auch der 1649[60] geborene Emanuel Benisch sen. mit Schreiben vom 12. Dezember.[61] Im heutigen Sinne einer „Initiativbewerbung" erfolgten in diesem Fall wie auch bei den Amtswechseln der nach-

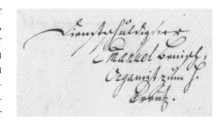

folgenden Generationen die Bewerbungen bereits vor dem Tode des amtierenden Organisten, sobald dessen Ableben zu erwarten war. Da somit die Bewerbungen an Heringks Todestag bereits vorlagen, konnte schon am darauf folgenden Tag, dem 17. Dezember 1695 die Orgelprobe, d. h. das Bewerbungsverfahren um dessen Nachfolge abgehalten werden. Lediglich der Schwiegersohn Heringks, Christian Thiele, bewarb sich unter Bezugnahme auf den letzten Willen seines Schwiegervaters erst am 18. Dezember, also nach Heringks Tod und damit nach dem bereits erfolgten Bewerbungsverfahren.[62] Heringks Schüler Johann Heinrich Gräbner zählte ebenso zu den Bewerbern wie auch erneut Organisten anderer Dresdner Kirchen, der Dreikönigs- und der Annenkirche sowie aus Radeberg.

Bei der Orgelprobe spielten vor einem elfköpfigen, vorwiegend aus Senatoren (Ratsherren) bestehenden Gremium u. a. Emanuel Benisch sen., Johann Heinrich Gräbner und Johann Caspar Janson aus Radeberg. Die Wahl fiel auf Benisch, der bis dahin seit 1679[63] gleichzeitig Organist an der Frauen- und Sophienkirche war. Damit wurde sein bisheriger Dresdner Posten frei. Man entschied sich daher zu der ungewöhnlichen Maßnahme, gleichzeitig Benisch zum neuen Organisten an der Kreuzkirche zu bestimmen, das bisherige Doppelamt an der Sophien- und Frauenkirche aufzuteilen und Gräbner an die Frauen- und Janson an die Sophienkirche zu berufen.[64]

Benisch hatte nach seiner 1679 vor dem mittlerweile verstorbenen Hofkapellmeister und Schütz-Schüler Christoph Bernhard abgehaltenen Orgelprobe in den ersten zehn Jahren ein Drittel seines Gehalts an Johann Samuel Schein, seinen Vorgänger im Amt des Sophien- und Frauenkirchenorganisten, der offenbar vor seinem Tode vom Amt zurückgetreten war, abgegeben und sich „daher recht kümmerlich und elende behelfen müssen"[65]. Nach eigener Mitteilung hatte er sich vor seinem Dienstantritt in der Frauen- und Sophienkirche im Jahre 1679 nicht nur bereits etliche Jahre in Dresden aufgehalten, sondern „denen Churf. Sächs. Capelliste und anderen vornehmen Musicics insonderheit in guten vernehmen gestanden, auch sonsten durch Privat information ...“[66]. Vermutlich waren es diese Kontakte Benischs zu den Mitgliedern der Dresdner Hofkapelle, die ihm die Niederschrift des heute in der Yale University Music Library in New Haven (USA) aufbewahrten, sogenannten „Kodex E B 1688" bzw. „Lowell-Mason-Kodex" ermöglicht haben. Hierbei handelt es sich um eine der wichtigsten Musikhandschriften ihrer Zeit. Der von Benisch verfasste, erste Teil dieses Kodex' stellt mit seinen 227 Seiten die einzige umfangreiche Quelle dar, die sich aus dem 17. Jahrhundert für die Orgelmusik Dieterich Buxtehudes erhalten hat und ist bei einigen der insgesamt zehn darin überlieferten Werke Buxtehudes die einzige Quelle für diese Kompositionen überhaupt.[67]

Vor allem könnte eine Bekanntschaft mit dem damaligen, aus Wien stammenden kurfürstlichen Vizekapellmeister und Kammerorganisten Nikolaus Adam Strungk (1640–1700), der Buxtehude und Poglietti persönlich gekannt haben könnte, dazu beigetragen haben, dass Benisch diese Handschrift um 1680–1688 angelegt hat. Die von Benisch verfassten Seiten enthalten „ein Repertoire von Tastenmusik des 17. Jahrhunderts aus Norddeutschland und Skandinavien (Buxtehude, N. Strungk, Heidorn, Radeck), Mitteldeutschland (Kindermann, Johann Krieger, Kuhnau), Wien (Kerll, Poglietti) und Rom (Pasquini)“[68]. Damit ergibt sich zugleich ein Einblick in das Benisch bekannte und von ihm sicherlich auch gepflegte, überraschend vielseitige Orgelmusikrepertoire.

Von 1711 bis 1717 wurde die Orgelpflege nachweislich von Benisch ausgeführt[69] und oblag damit wie schon in früheren Jahren dem Kreuzorganisten.

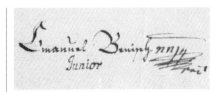

Junior

1726 bis 1742 –
Emanuel Benisch junior

Emanuel Benisch junior, Sohn von Emanuel Benisch senior, beantragte am 18. März 1722 beim Rat der Stadt, als Substitut seines Vaters angestellt zu werden. Er berichtete, dass er sich, um sich in der Musik zu „excolieren", bisher 18 Jahre in England und Frankreich aufgehalten habe, bevor ihn nun sein 73-jähriger Vater nach 43 Dienstjahren als Kreuzorganist hat „wiederum zurück kommen lassen, indem bey meinem Vater Alters wegen anizo unterschiedliche Beschwerungen sich einfinden, ihn in seinem Ambte zu subleviren"[70]. Zu diesem Zeitpunkt hatte sich Benisch junior bereits sieben Monate „in der Kirche zum Heiligen Creuz auf beyden Orgeln hören lassen"[71]. Seine Substitutenanstellung wurde genehmigt, seine eigentliche Anstellung als Kreuzorganist erfolgte dann nach dem Tode seines Vaters im Jahr 1725. In diesem Fall wurde anscheinend auf die sonst übliche Orgelprobe verzichtet.

Einen interessanten Einblick in die damalige Musizierpraxis des Hochbarock gibt die 1716 erfolgte Anschaffung eines von Johann Heinrich Gräbner erbauten Positivs für die Kreuzkirche, das nur „bey dem einzigen Sonntägl. Musicalischen Stück"[72] gebraucht wurde. Es war im Kammerton gestimmt, da „zur Music angeschafft"[73]. Offenbar pflegte man aufgrund der Stimmung der Orgel im alten Chorton nicht, wie z. B. in der Leipziger Thomaskirche üblich, das transponierte Spiel auf der großen Orgel als Continuoinstrument im Orchester bei der Figuralmusik (d. h. bei den gottesdienstlichen Kantaten- und Motetten-

aufführungen). Vielmehr bediente man sich eines extra dafür in der modernen Orchester-Kammertonhöhe hergestellten Positivs. Dieses erhielt drei Spanbälge, „damit allenfalls noch ein PedalSubBaß könne angesetzet werden"[74]. Also spielte man auch hier, wie damals allgemein üblich, beim Continuospiel mit Pedal.

Auswärtige Tätigkeiten von Benisch jun. sind ebenfalls nachweisbar: So erfolgte durch ihn am 6. Januar 1731 die Einweihung der von Gottfried Silbermann neu erbauten Orgel in der Dorfkirche in Reinhardtsgrimma, wobei er die Orgel für „allenthalben tüchtig befunden"[75] hat. Hiermit beginnt die durch die Jahrhunderte immer wieder nachweisbare und bis heute bestehende Verbindung zwischen den Kreuzorganisten und dieser Silbermannorgel im nahegelegenen Ort des Osterzgebirges.[76]

Eine Auflistung der Gehaltszahlungen von 1735[77], also aus Benischs Amtszeit, belegt, dass mindestens seit 1595 Zulagen entsprechend der historischen Quartalsberechnung gezahlt wurden: An Reminiscere (begann mittwochs bis samstags vor diesem Sonntag), Trinitatis (begann mittwochs bis samstags vor diesem Sonntag), Crucis (begann nach dem 14.9. als dem Fest der Kreuzerhöhung) und Luciae (begann nach dem 13.12.).[78]

Emanuel Benisch jun. starb am 14. März 1742 im Amt.[79]

1742 bis 1769 –
Christian Heinrich Gräbner

Bereits vor Benischs Tod stellt Christian Heinrich Gräbner am 23. Februar 1742 im heutigen Sinne einer „Initiativbewerbung" beim Rat der Stadt den Antrag, Benischs Stelle übertragen zu bekommen, da dieser dermaßen dar-

nieder läge, dass er seine Aufgaben nicht mehr wahrnehmen könne. Gräbner berichtet in seinem Schreiben, dass er bereits 19 Jahre lang „die Orgel in der Kirche zum Hl. Kreuz an hohen Fest und Feyertagen und bey Aufführung der Passion gespielet, und an der Frauen Kirche meinem ... Vater 6. Jahr lang substituiert gewesen, den würdigen Dienst aber nunmehro schon 3. Jahre besorgt habe"[80]. Er war demnach von 1733 bis 1739 zunächst Substitut und dann Nachfolger seines 1739 verstorbenen Vaters als Organist der Frauenkirche. Für die Substitutentätigkeit hatte er keine Besoldung bekommen und nun bittet er um eine solche, um seine Familie versorgen zu können.

Nach Benischs Tod wurde Gräbner zu einer Orgelprobe eingeladen und anschließend bestallt, d. h. berufen. Der Dresdner Ratsherr und spätere Bürgermeister Christian Weinlig berichtet darüber, dass Gräbner in Gegenwart des Superintendenten Löscher, zweier Senatoren und „des Herrn Cantoris Rheinhold (Kreuzkantor Reinhold) als Organist die Probe gespielt, bei eines Preludio, Choral, a la breve, und Fuge bestanden, auch approbiert ..."[81] habe. Der 1704 geborene Christian Heinrich Gräbner war Mitglied der weit verzweigten Familie Kurfürstlich Sächsischer Hofinstrumentenmacher, die seit 1593 das Dresdner Bürgerrecht erworben hatte. Seit der ersten Hälfte des 17. Jahrhunderts bis in das 20. Jahrhundert hinein können zumindest 19 Familienmitglieder als Organisten, Orgelbauer und Cembalo- bzw. Klavierbauer nachgewiesen werden.[82] Christian Heinrich Gräbner wurde laut einem im Staatsarchiv Dresden verwahrten Brief von seinem Vater „von Jugend auf in der Music, insonderheit auf dem Clavier, nicht allein selbst erzogen, sondern auch ... soviel darauf verwendet, das er 2 gantze Jahr in Leipzig bey dem berühmten Capell-Meister Bach Lection bekommen". Möglicherweise arbeitete er während seiner ohne Besoldung ge-

bliebenen Substitutentätigkeit an der Frauenkirche in der Instrumentenwerkstatt der Familie mit, die gerade im Hochbarock mehrere bedeutende Cembali, aber auch Clavichorde und später Hammerflügel und Tafelklaviere hervorbrachte. Viele dieser Instrumente existieren noch heute. Hierzu zählt u. a. das heute im Schloss Pillnitz in Dresden befindliche, große fünfoktavige Cembalo mit dem ungewöhnlichen Umfang von DD bis d³, das 1739 von Christian Heinrich Gräbners Bruder, dem Instrumentenmacher Johann Heinrich Gräbner d. J. erbaut wurde und das zum Bestand der Dresdner Hofkapelle gehörte, als Johann Adolf Hasse dieses Ensemble zwischen 1734 und 1756 leitete. Die Kreuzkirche erhielt auf Initiative des Verfassers 2007 eine Kopie dieses ungewöhnlichen Instruments, angefertigt von Matthias Kramer aus Rosengarten.

Dass zu Gräbners Wirken als Kreuzorganist nur spärliche Angaben überliefert sind und über ihn auch weitaus weniger bekannt ist als über andere Bachschüler, erklärt sich vor allem daraus, dass im Siebenjährigen Krieg nicht nur ein großer Teil Dresdens, sondern auch die Kreuzkirche während der Preußischen Belagerung durch Beschuss am 19. Juli 1760 zerstört wurde. Diese konnte erst 1792 mit einem Neubau eingeweiht werden. Gräbner war damit ohne eigenen Aufführungsort. Die Gottesdienste der Kreuzkirchgemeinde fanden in dieser Zeit in der Frauenkirche statt. Ein ähnliches Schicksal wie Gräbner teilte auch der 1755 bis 1785 als Kreuzkantor tätige Gottfried August Homilius (1714–1785). Er war die bezüglich der Dresdner Kirchenmusik herausragende Musikerpersönlichkeit des Übergangs vom Spätbarock zum empfindsamen Stil, die neben der Kantorentätigkeit auch Orgelkompositionen schuf und außerdem als Orgelsachverständiger gefragt war.

Im November 1768 bietet Johann Gottlob Benjamin Horn seine Dienste als Adjunctum, d. h. als Nachfolger Gräbners an, da dieser „an einer gefährlichen Krankheit dergestalt darnieder liegt, daß er seit langer Zeit seine Dienste nicht verrichten könne, und man so gar an seinem Aufkommen zweifelt"[83]. Offenbar starb Gräbner bereits kurz darauf, denn am 2. Januar 1769 bewirbt sich der seit 1760 als Frauenkirchenorganist tätige Johann Wilhelm Eckersberg bereits nach Gräbners Tod um dessen Nachfolge mit folgender Begründung: „wohl aber habe ich einige Zeit daher die Dienste von dem krank gewordenen Organist Gräbner gewisser maßen mit verrichtet"[84] und er habe, sofern es ihm möglich war, für den ununterbrochenen Fortgang der Dienste gesorgt.

1769 bis 1789 –
Friedlieb Johann Zillich

Am 3. Januar 1769 bewarb sich auch Friedlieb Johann Zillich um die nach damaligem Sprachgebrauch „erledigte" Kreuzorganistenstelle. Dabei notiert er, dass er jetzt bereits seit 21 Jahren Organist sei, davon die ersten 9 Jahre an der Johannis- und Waisenhauskirche. Er wollte danach Frauenkirchenorganist werden, übernahm aber die Stelle als Organist der Sophienkirche, die er dann 11 Jahre innehatte.[85] Die Orgelprobe fand mit fünf Kandidaten am 10. Januar 1769 statt. Diese spielten vor einem 14-köpfigen Gremium, das hauptsächlich aus den Senatoren des Stadtrates bestand und Zillich zu Gräbners Nachfolger bestimmte.[86] Erneut wurde also ein Organist einer anderen Dresdner Kirche Kreuzorganist und auch in diesem Fall führte es zu dem Wunsch nach weiterem „Aufrücken" unter den Dresdner Organisten. So bewarb sich bereits am

14. Januar 1769 der Organist der Frauenkirche um Zillichs bisherigen Organistenposten an der Sophienkirche.[87] Direkte Informationen über Zillichs Wirken sind noch spärlicher als bei Gräbner. Grund dafür ist vermutlich, dass Zillich während seiner gesamten Amtszeit keinen eigenen Aufführungsort zur Verfügung hatte, da sich der Neubau der Kreuzkirche nach der Zerstörung stark verzögerte. Nach wie vor fanden die Gottesdienste der Kreuzkirchgemeinde in der Frauenkirche statt.

Ein beredtes Zeugnis aus dieser Zeit ist allerdings der Bericht aus der Feder des musikalischen Gelehrten Charles Burney über den Besuch eines Gottesdienstes in der Dresdner Frauenkirche am Sonntag, dem 20. September 1772: „Das Singen unter Begleitung eines solch schönen Instruments tut hier ungemeine Wirkung. Die ganze Gemeinde, an dreitausend Personen stark, singt im Einklange meist so langsame Melodien als die, welche in unsern Pfarrkirchen üblich sind; allein, da die Leute hierzulande musikalischer sind als bei uns und von Jugend auf gewöhnt worden, den größten Teil des Kirchengesanges selbst zu singen, so hielten sie besser Ton und machten eins der größten Chöre, die ich je gehört habe .... Überhaupt war dies eine der andächtigsten, ehrwürdigsten Gemeinen, die ich gesehen habe."[88] Offensichtlich hat den weit gereisten Burney diese Art der Kirchenmusik besonders beeindruckt: „An Sonn- und Festtagen führen die Chorsänger in dieser Kirche oftmals Kantaten auf ... Sonst singt die ganze Gemeine im Einklange, bloß von dieser Orgel begleitet. Nie habe ich ein edleres Chor gehört als dieses ..."[89] In Zillichs Amtszeit fallen auch die Planungen zum Orgelneubau der Kreuzkirchenorgel. Allerdings hat sich kein Dokument erhalten, das seine Mitwirkung daran belegen würde. Erhalten ist hingegen ein ausführlicher Entwurf des damaligen Kreuzkantors Gottfried August Homilius vom

29. Dezember 1784, der auch als Orgelsachverständiger weithin gefragt war.[90]

Noch vor Zillichs vermutlich Mitte April 1789 erfolgtem Tod[91] hat es Christian Gottlieb Dachselt, seit 1785 als Frauenkirchenorganist tätig, übernommen, „zugleich nunmehro über 1. Jahr als solange der ... Organist Hr. Zillich, Alters wegen nicht mehr vermögend gewesen ist, die Musiken bey den Gottesdiensten zu spielen"[92].

◼ Klassik und Frühromantik

1789 bis 1801 – August Friedrich Wilhelm Günther

Unter Nennung der o. g. Gründe bewarb sich Dachselt allerdings vergeblich um Zillichs Nachfolge.[93] Gemeinsam mit ihm bewarben sich noch etliche weitere Organisten, teilweise von auswärts sogar aus Dobrilugk (heute Doberlug-Kirchhain in Brandenburg)[94], sowie erneut Kollegen anderer Dresdner Kirchen, wie der Johannis- und Waisenhauskirche. Auch der bisher als Organist der Neustädter Kirche in Dresden (heute Dreikönigskirche) tätige August Friedrich Wilhelm Günther bewarb sich am 21. April 1789, für den ebenfalls wieder der Anreiz im höheren Einkommen als Kreuzorganist lag[95].

Erst im Juni 1789, also in diesem Fall in größerem zeitlichem Abstand zum Tod des Amtsvorgängers, stellten sich in zwei Orgelproben je drei Kandidaten vor.[96] Die Wahl fiel auf August Friedrich Wilhelm Günther, den Ernst Ludwig Gerber 1790 als „[e]ine[n] der besten itzt lebenden Organisten zu Dreßden"[97] bezeichnete. Er stammte aus Thum/Erzgebirge, wurde 1769

Kreuzschüler und war ab 1785 Organist an der Dreikönigskirche.[98]

Das Protokoll der Orgelprobe gibt noch ausführlicher als bereits bei Gräbner Aufschluss darüber, welche Aufgaben die Kandidaten zu absolvieren hatten. Wie in früheren Jahrhunderten üblich war stets zu improvisieren, bzw. es waren eigene Werke vorzutragen: in selbst gewählter Form über eigene Themen, eine Fuge über gegebene Themen, eine choralgebundene Improvisation mit anschließendem Gemeindechoral sowie das Aussetzen eines bezifferten Basses. Transponiertes Spiel war ebenfalls vorgesehen. Über Günthers Spiel wurde notiert:

„Herr Günther auf der Orgel

a) Eine eigene Phantasie dann

b) Eine Fuge wozu ihn der Hr. Cantor das Thema gegeben, nach dem Gutachten des Herrn Cantoris sehr wohl und nach aller Regel ausgearbeit

c) Ein Praeludium zu dem Liede Nun lob meine Seele den Herrn aus dem Tone b. so dann das Lied wie solches die Gemeinde mit singet, aus h. dur.

d) Das accompagnement zur Music so ihm gleiches von dem Hr. Cantore vorgelegt worden, nach dem Gutachten deßelben gut executiert, endlich aber

e) Mit einer Phantasie von eigener Composition geschloßen."[99]

Aus Günthers Amtszeit ist die Zusammensetzung des damaligen Gehalts erneut überliefert. Hierin zeigt sich, dass sich an der schon früher üblichen Mischfinanzierung wenig geändert hatte, da sich das Gehalt zusammensetzte aus: jährliche Besoldung aus dem Religion Amte, jährliche Zahlung aus dem Brückenamte, diverse andere Einzelbeträge („Benefizium", d. h. Stiftungen etc.).[100]

In Günthers Amtszeit fiel auch Weihe der neuen Kreuzkirche am 22. November 1792. Diese konnte erst nach 32 Jahren Bauzeit eingeweiht werden, was nicht zuletzt auf den vorausgegangenen Meinungsstreit zwischen spätbarocker und klassizistischer Auffassung zurückzuführen war. Mit der

Seite 59:
Aufgabenblatt von
Kreuzkantor Christian
Ehregott Weinlig
zu den Orgelproben am
17. / 18. Januar 1801

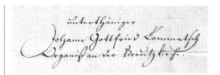

am 17. August 1792 abgenommenen neuen Orgel erhielt Günther auch wieder ein eigenes Instrument, das allerdings, wie bereits an anderer Stelle ausführlicher erläutert, in den Folgejahren zahlreiche Schwierigkeiten aufweisen sollte.[101] Günther starb 1801 im Amt.[102]

1801 bis 1822 – Johann Gottfried Lommatzsch

Fünf Organisten bewarben sich um Günthers Nachfolge. Erneut waren mit den Organisten der Reformierten Kirche und der Waisenhaus- und Johanniskirche Dresdner Kollegen darunter. Ob der unter den Bewerbern befindliche, in Dresden als Sohn des Kirchners der Johanniskirche geborene Friedrich Gottlob Höpner, der seit 1798 als Organisten-Substitut tätig war, mit der späteren Höpner-Dynastie verwandt war, ist nicht geklärt. Mit Schreiben vom 13. Januar 1801 reichte auch Johann Gottfried Lommatzsch seine Bewerbung ein. Er wurde am 27. April 1771 in Hainichen geboren und 1789 als Kreuzschüler genannt.[103] In der Kreuzschule, die Lommatzsch eigenen Angaben zufolge 1798 verließ, erhielt er Unterricht bei Kreuzkantor Christian Ehregott Weinlig. Lommatzsch hatte zum Zeitpunkt seiner Bewerbung bereits seit sechs Jahren den Organistendienst für den nunmehr verstorbenen Kreuzorganisten Günther beim Nachmittagsgottesdienst verrichtet.[104] Kreuzkantor Weinlig notiert am 12. Januar 1801 im Empfehlungsschreiben für seinen ehemaligen Schüler, dass dieser „nunmehro in den Amtspredigten auf die Musik"[105] spiele. Die Orgelproben wurden am 17. Januar und am 2. Februar 1801 vor einem 16-köpfigen Gremium abgehalten[106]. Das überlieferte Aufgabenblatt

von Kreuzkantor Weinlig gibt besonders detailliert Aufschluss über die nun verlangten Aufgaben, unter denen neben den bereits aus früheren Orgelproben bekannten Kategorien besonders die seit der Einführung der gleichschwebenden Stimmung möglichen Transpositionen auch in entlegene Tonarten auffallen.[107] Im Falle Lommatzschs fällt die Bewertung im Ratsprotokoll folgendermaßen aus: „Herr Lommatzsch ... Phantasie wäre gut, das Praeludium nicht brillant, aber doch übriges ebenfalls gut, der Choral rüstig transponirt, der General=Bass ohne Fehler und jeglich derer beyden Fugen regelmäßig ausgefallen."[108]

Es ist allgemein für Deutschland bekannt, dass sich aus verschiedenen Gründen um 1800 die Bedingungen für Organisten und Kantoren verschlechterten. Im Fall des Kreuzorganisten war es nicht anders, wie aus zwei Schreiben Lommatzschs an den Rat der Stadt[109] hervorgeht: Demzufolge setzte sich das Organistengehalt aus einer Fixsumme sowie aus Einnahmen aus „ausgelösten Trauungen" zusammen. Die Zahl der Trauungen hatte jedoch im Vergleich zu früher stark abgenommen und die früheren „Brautmessen" konnten „vermöge der ietzigen Denkungsart der Menschen" nicht wieder eingeführt werden – vielleicht ein Hinweis auf eine sich wandelnde Auffassung gegenüber kirchlichen Belangen im Zeitalter der Aufklärung. Brautpaare aus dem ländlichen Bereich ließen sich zwar weiterhin in der Kreuzkirche trauen, konnten aber die für sie hohen Gebühren nicht entrichten und zahlten daher nur die halben Gebühren, weshalb Kantor und Organist davon nichts mehr erhielten. Lommatzschs erstes Gesuch wurde abschlägig beschieden.

Zeigte sich schon in der Gehaltszusammensetzung von Kreuzorganist Günther, dass sich diese über Jahrhunderte hinweg nicht verändert hatte, so wird durch Lommatzschs zweites Gesuch deutlich, dass auch die Höhe der

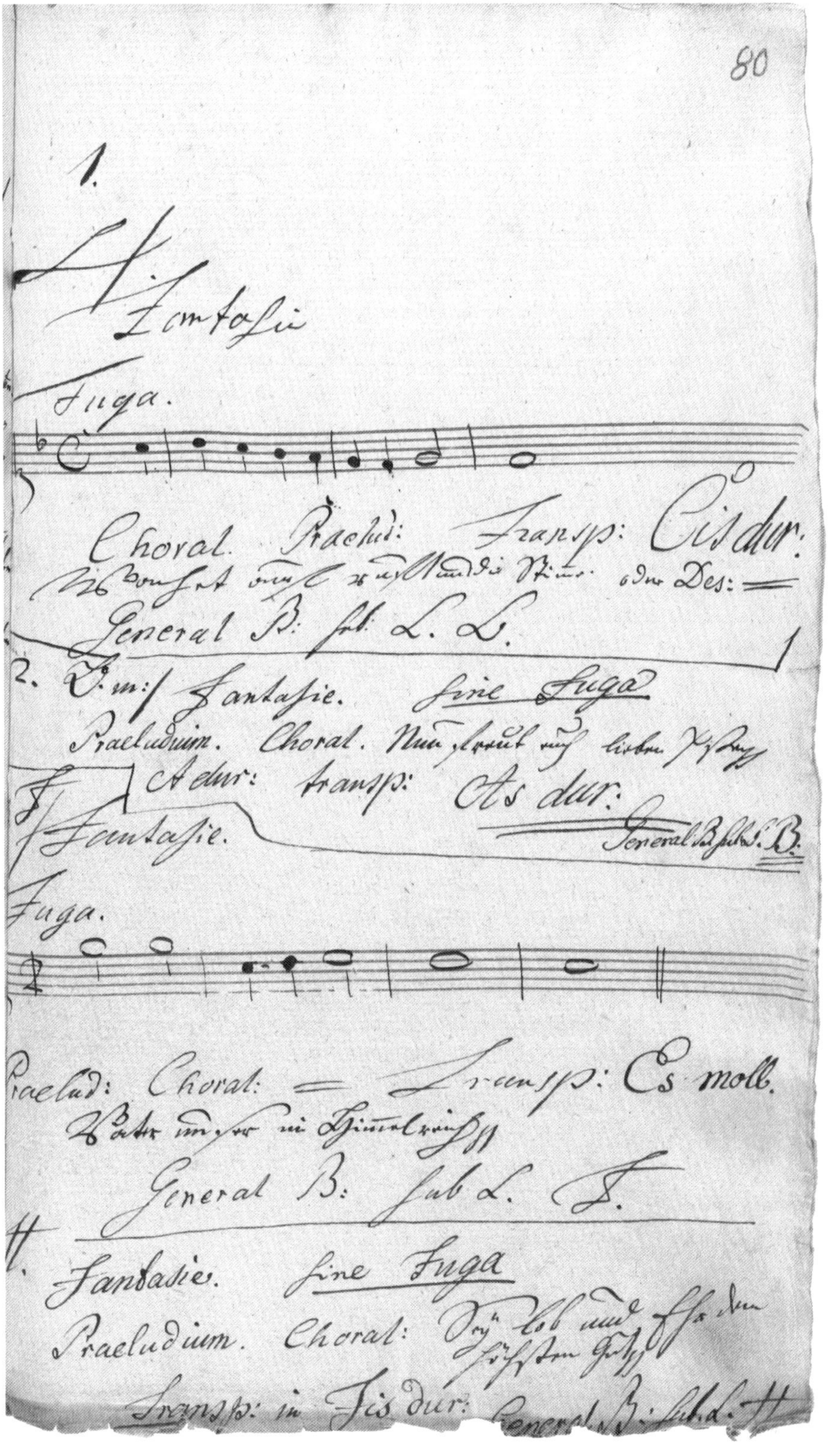

1.

Fantasie

Fuga.

Choral. Praelu: Transp: Cis dur.
Wenn wir in höchsten Nöten. oder Des:
General B. fol. L. L.

2. D m:/ Fantasie.   Eine Fuga
Praeludium. Choral. Nun, freut euch lieben Christen
A dur: transp: As dur:
General B. fol. S. B.

Fantasie.

Fuga.

Praelud: Choral: = Transp: Es moll.
Vater unser im Himmelreich
General B: fol. L. S.

Fantasies.   Eine Fuga
Praeludium. Choral: Dir, Herr, und zu ... den
Transp: in Fis dur: General B: fol.

jährlichen Fixsumme lange nicht verändert wurde: Durch den Vergleich mit Urkunden aus den Jahren 1671 f. (!) hatte er herausgefunden, dass er, da das Gehalt in den nachfolgenden Jahrhunderten nicht der allgemeinen Preissteigerung angepasst wurde, mittlerweile nur noch ein Fünftel dessen verdiente, was einst seine Vorgänger bekamen, wenn man die allgemeinen Preissteigerungen berücksichtigte. Nicht nur die abnehmende Zahl der Trauungen, sondern auch andere Nebeneinkünfte brachten zunehmend weniger ein, „indem die Preise für Unterrichtsstunden durch die große Menge privatisirender Claviermeister äusserst heruntergebracht sind"[110]. Sein Vorgänger hatte bereits dieselben Probleme, traute sich aber nicht, um eine Gehaltserhöhung nachzusuchen. Nachdem bereits unter Lommatzschs Vorgänger Günther die große Wagner-Orgel erstmals repariert wurde, erfolgten zu Lommatzschs Zeiten erneute Reparaturen, Reinigungen und Erneuerungsarbeiten am Instrument, ohne dass diese auf Dauer zu einem befriedigenden Ergebnis geführt zu haben scheinen. Insofern war es für Lommatzsch trotz der Tätigkeit an einer erst kürzlich völlig neu erbauten Kirche und Orgel vermutlich auch eine mit Mühen verbundene Amtszeit. In seinen letzten Amtsjahren ließ er sich „wegen seiner kränklichen Leibesbeschaffenheit mehrere Jahre lang"[111] durch seinem früheren Schüler Carl Friedrich Marx im „ganzen Gottesdienst" vertreten, bis dieser es aus persönlichen Gründen etwa ab Anfang 1821 nicht mehr übernehmen konnte. Lommatzsch starb im Juli 1822[112] im Amt.

1822 bis 1836 –
Johann Christlieb Leberecht Ochß
Um Lommatzschs Nachfolge bewarben sich acht Organisten. Neben Carl Friedrich Marx waren es fast ausschließlich die Organisten der anderen Dresdner Kirchen, darunter diejenigen der Annenkirche und Waisenhauskir-

che. Ob sich mit Heinrich Julius Heringk, dem Organisten der Johanniskirche, ein später Nachfahre des früheren Kreuzorganisten Heringk aus dem 17. Jahrhundert bewarb, ist nicht geklärt.[113] Erneut bewarb sich mit Johann Christlieb Lebrecht Ochß auch wieder der Organist der Frauenkirche. Zeittypisch wollte Ochß sich „bestreben, auch in diesem Posten mir Beyfall zu erwerben und Alles aufbieten, die kirchliche Andacht durch zweckmäßige Orgel=Begleitung beym Gesange zu erhöhen"[114]. Anscheinend hatte er sein Können bereits durch seine in den Jahren 1810 bis 1813 ausgeübte Tätigkeit als Organist der Johanniskirche und dem sich von 1813 bis 1822 anschließenden Dienst als Frauenkirchenorganist[115] unter Beweis stellen können, den er neben seiner Tätigkeit als Oberlehrer an der „Raths= Mädchen=Freischule"[116] innehatte.

Laut Ratsprotokoll vom 6. August 1822 wurde Ochß deshalb einstimmig zum Kreuzorganisten berufen, anscheinend ohne Probespiel.[117] Diese Sonderregelung ist vermutlich auf die Fürsprache des damaligen Bürgermeisters Carl Christian Pohland zurückzuführen, der sich dafür einsetzte, dass Ochß „wegen des, bey dem bisher über sich gehabten Dienste bezeigten Fleißes und bewiesene Geschicklichkeit"[118] (als bisherigem Organisten der Frauenkirche) die Stelle auf diese Art übertragen werden sollte.

Annenkirchenorganist Carl August Feige wendete sich kurz darauf am 8. August 1822 an den Rat der Stadt mit dem ungewöhnlichen Vorschlag, doch besser ihm statt Ochß die Stelle zu übertragen, da Ochß im Gegensatz zu ihm die mit dem Kreuzorganistenamt verbundene freie Wohnung nicht benötige. Johann Georg Ehlich, der bisherige Organist der Waisenhauskirche, könne dann wiederum Feiges Stelle an der Annenkirche antreten.[119] Aus Feiges Vorschlag wurde jedoch nichts. Nach Berufung von Ochß zum Kreuzorganisten übernahm Ehlich dessen Nachfolge an der Frauenkirche.

Trotz des Vorteils der mit dem Amt verbundenen freien Wohnung hatte auch Ochß zunächst mit finanziellen Problemen wegen seines zu geringen Einkommens als Kreuzorganist zu kämpfen und konnte mit seiner Familie nur „bestehen", da er nach wie vor an der Mädchenschule als Oberlehrer unterrichtete, wo er ein jährliches Einkommen von 250 Talern erhielt. Als Organist und Lehrer verfügte er über höchstens 340 Taler jährliche Gesamteinkünfte. Daher wendete auch er sich wie schon sein Vorgänger am 14. September 1835 an den Stadtrat. Erneut kommen auch bei Ochß die rückläufigen Hochzeiten zur Sprache. Anscheinend gab es mittlerweile eine Unterscheidung zwischen Brautmessen (mit vollständiger kirchlicher Handlung und Aufgebot) und Trauungen (ohne Aufgebot). Die rückläufigen Brautmessen hatten hohe Gebühren, von denen der Organist aber nur 20 Groschen bekam. Trauungen hatten in der Kreuzkirche mit 2 Talern 10 Groschen geringere Gesamtgebühren, von denen der Organist nur 6 bis 8 Groschen erhielt. Ochß schlug vor, dass die sogenannten „Stolgebühren", d. h. die Gebühren für Trauungen in der Kreuzkirche, um 2 Groschen für den Organisten erhöht werden sollten. Dort ließen sich ohnehin zumeist wohlhabende Personen den kirchlichen Segen erteilen.[120] Im Gegensatz zu seinen Vorgängern hatte der offensichtlich beim Stadtrat hoch angesehene Ochß Erfolg, denn sein Gesuch wurde am 30. September 1835 genehmigt.

Ganz im Gegensatz zu dieser eher schwierigen Innensicht stand die zeitgenössische Außensicht auf Dresden, wie sie Ochß' Mitbewerber Friedrich Wilhelm Löhmer, Kantor und Organist in Colditz in frühromantischer Manier zuvor in seinem Bewerbungsschreiben beschrieb: „Dresden, ein Tempel der Kunst in unserem Vaterlande, wo alles, was die höhere Kultur des Menschen befördert, so warmes Interesse, die Wißenschaften so großmüthige Beförderer und Mäzenaten finden, wo Fleiß und Anstrengung belohnt und das Talent zm höchsten Eifer entflammt werden, war längst das Ziel meines Strebens."[121]

Nach langjährigen Schwierigkeiten mit der Wagner-Orgel von 1790 und den damit verbundenen, diversen Reparaturen und Umbauversuchen wurde das Instrument auf Wunsch von Ochß durch Johann Gotthold Jehmlich aus Dresden 1832 fast neu gebaut und konnte damit endlich in einen zufriedenstellenden Zustand gebracht werden. Anlässlich des damaligen Orgelweihefestes wurde eine „Orgel-Cantate" von Kreuzkantor Julius Otto komponiert. Dieser Aufführung wohnten viele „Kunstfreunde" bei, die das Werk ungeteilt lobten und den Wunsch äußerten, „diese schöne umfangreiche Musik noch einmal zu hören". Daher beantragte Ochß nun am 22. Oktober 1832 die Genehmigung, „mit gütiger Unterstützung des Herrn Cantor Otto und des Herrn Stadtmusikus Zillmann, zum Besten der beyden unter Ew. Hochedlen Stadtraths Verwaltung stehenden Kreuzschulen für Knaben und Mädchen, den 2ten Novbr: h. a. in der Kreuzkirche, in den Nachmittagsstunden, von 3 bis 5 Uhr, ein Orgel=Concert zu veranstalten, welches in zwey Abtheilungen bestehen sollte. In der ersten Abtheilung sollte die Orgelweih=Cantate von Herrn Cantor Otto aufgeführt werden; in der zweiten Abtheilung würde ich mehrere Orgelstücke vortragen. Um nun vielen Musikfreunden einen Genuß zu gewähren, sollten die Eintrittspreiße folgendermaßen festgesetzt werden:

Auf dem Altarplatze, auf Stühlen A Person --- 12 gr:
Im Schiff der Kirche a 8 gr.
Auf den Emporkirchen a 4 gr.

Die Herrn Kirchväter würden vielleicht die Güte haben, und die Einnahmen an den Kirchthüren besorgen."[122]

Ochß war zu diesem Zeitpunkt bereits seit 20 Jahren an einer der beiden o. g. Schulen, der Mädchenschule, als Lehrer tätig und freute sich, dadurch etwas zum Wohl der Schule beitragen zu können.

Auf sein erstes Gesuch wurde ihm „der gütige Bescheid zu Theil, für dieses Unternehmen, einen günstigeren Zeitpunkt abzuwarten"[123]. Daher stellte Ochß am 13. April 1833 ein erneutes Gesuch um Genehmigung des Orgelkonzerts mit der Begründung, „da sich nun jetzt noch so viele Herrschaften, ehe die Hohe königl: Familie sich nach Pillnitz begibt in Dresden aufhalten, auch wegen der des Landtages so viele auswärtige Freunde der Kunst hier verweilen; so glaube ich, daß es für dieses Unternehmen sehr vortheilhaft seyn dürfte, in den letzten Tagen dieses jetzigen Monats, das Orgel=Concert zu veranstalten"[124]. Kreuzkantor Otto und Stadtmusikus Zillmann waren nach wie vor bereit, „mit ihren Sängern und Musikchor gefälligst zu unterstützen"[125]. Am 16. April 1833 gestattete der Rat der Stadt dieses Unternehmen. Somit konnte das erste nachweisliche und damit wohl erste Orgelkonzert in der Kreuzkirche stattfinden. Diese Initiative von Kreuzorganist Ochß fällt musikhistorisch in die Anfänge des allgemein aufkommenden bürgerlichen Konzertwesens in Deutschland und ist vornehmlich im kirchlichen Umfeld ein sehr früher Beleg für die Durchführung von Orgelkonzerten, insbesondere gegen Eintrittsgeld.

Der Familie Ochß wurde anlässlich des Todes Ochß' nochmals die Zuneigung des Rates der Stadt zuteil. Nachdem Ochß „urplötzlich" am 14. November 1836 „infolge eines Blutschlags" verstarb und wegen dessen „früheren und fortwährend ... betreffenden Krankheiten" offenbar alle finanziellen Reserven der Familie aufgezehrt waren, zahlte der Rat der Stadt 25 Taler für die Bestreitung der Beerdigung. Hierfür bedankte sich am 19. November 1836 Christiane Wilhelmine, verwitwete Ochß, gemeinsam mit ihren drei Söhnen und zwei Töchtern, nochmals beim Rat der Stadt. Laut Ratsprotokoll vom 1. Februar 1837 bekamen die o. g. Hinterbliebenen von nun an finanzielle Unterstützung, die Söhne darunter bis zum Erreichen des 16. Lebensjahres.[126] Hierdurch zeigt sich nicht nur, dass Ochß noch relativ junge Kinder hinterließ, sondern es findet sich damit auch erstmalig der Nachweis einer Hinterbliebenenversorgung. Am 23. Oktober 1837 bittet die Witwe um Pensionserhöhung. [127]

1837 bis 1859 –
Christian Gottlob Höpner

„Schon in meiner frühesten Jugend hatte ich eine unbegränzte Liebe zur Musik und erlernte schon zeitig in meinem Geburtsorte Frankenberg in Sachsen, das Pianoforte= und Orgelspiel, auf welches ich den größten Fleiß mit so glücklichem Erfolge verwendete, daß ich ... bald selbst Unterricht in beiden zu ertheilen im Stande war. Um mich aber in der Musik noch mehr auszubilden, begab ich mich im Jahre 1826. hierher (d. h. nach Dresden) und genoß ... mehrjährigen Unterricht bei dem vorzüglichen Meister der Musik, dem Hoforganisten Herrn Johann Schneider. Nachdem ich nun nicht unbedeutende Fort= [Fortschritte] im dem Pianoforte= und Orgelspiel gemacht hatte, ertheilte ich nicht nur hier gleichfalls Unterricht in demselben ..., sondern lieferte auch mehrere Kompositionen ..."[128]

Mit diesen Worten beschreibt der am 7. November 1799 als Sohn eines Webers geborene Christian Gottlob Höpner[129] selbst seinen bisherigen Werdegang bis zu seiner Bewerbung um das Amt des Kreuzorganisten am 26. November 1836 und legt dabei Zeugnisse von Hoforganist Klengel und Hofkapellmeister Reißiger vor. In seiner Jugend arbeitete Höpner zunächst als Webergeselle und erlernte autodidaktisch das Klavierspiel mit Bachs Wohl-

temperiertem Klavier, bevor er mit 17 Jahren das Orgelspiel „durch stille Übungen" begann. Auf Anraten von Johann Nepomuk Hummel, den er als 28-jähriger in Weimar kennengelernt hatte, nahm er sechs Jahre den von ihm selbst bereits erwähnten Unterricht beim Dresdner Hoforganisten Schneider.[130] Danach galt Höpner „als einer der besten unter den vielen Schülern desselben"[131], war „anerkannter Meister in der Registrierkunst und spielte stets mit Ausdruck und Gefühl ... Außerordentliches aber spendete Höpner der andächtigen Gemeinde in seinen freien Phantasien"[132]. Als Musiklehrer ersparte er sich so viel Geld, dass er nicht nur einen Flügel, sondern auch eine siebenstimmige Orgel erwerben konnte.

Gemeinsam mit Höpner bewarben sich 1837 neun weitere Interessenten. Die schon bei Ochß zu beobachtende und dort erklärte, zeittypische Kombination von Lehrer und Kantor bzw. Organist ist auch jetzt erneut zu beobachten. Neben den Organisten der anderen Dresdner Kirchen wie der Annenkirche und der Waisenhauskirche bewarben

sich nun auch verstärkt Schullehrer und private Musiklehrer aus Dresden und Leipzig um den Posten. Heinrich Julius Heringk, Organist der Johanniskirche, der sich bereits schon einmal 1822 um das Kreuzorganistenamt beworben hatte, bewarb sich nun vorsorglich um die Stelle der Annenkirche, weil er annahm, dass diese Position durch Aufrücken des dortigen Organisten an die Kreuzkirche frei werden könnte. Erneut wird deutlich, wie das Aufrücken nach wie vor offenbar als eine durchaus wahrscheinliche Entscheidung des Stadtrats angenommen wurde und welche kreativen Ideen die Organisten der anderen Dresdner Kirchen entwickelten, um sich ins Gespräch zu bringen.

Zur Orgelprobe am 8. Februar 1837, „Nachmittags 3 Uhr" waren vier Kandidaten eingeladen, von denen nur einer als Organist bezeichnet wurde, die anderen als „Candidat" oder „Hilfslehrer" sowie „der hiesige Componist und Musiklehrer"[133] Christian Gottlob Höpner. Wegen Krankheit von Kreuzkantor Otto mussten die Orgelproben kurzfristig um eine Woche verschoben werden.[134] Jedoch auch in anderer Hinsicht ergaben sich Schwierigkeiten: Hoforganist Johann Schneider, der wohl bekannteste Organist seiner Zeit, seit dessen Wirken man erstmals von einer deutlich geprägten Dresdner Orgelschule sprechen kann und der allseits größte Hochachtung in weiten Musikerkreisen genoss, war gebeten, an der Orgelprobe als Gutachter teilzunehmen. Er sagte allerdings verärgert seine Mitwirkung als Mitglied der Berufskommission ab, weil u. a. mit Höpner zwar einer seiner früheren Schüler eingeladen wurde, die Bewerbung seines anderen Schülers Blankmeister aber nicht berücksichtigt wurde. Er warf dem Stadtrat „Schein der Parteilichkeit" vor und sah sich deshalb gezwungen, seine Teilnahme abzusagen.[135]

Das von Kreuzkantor Julius Otto erstellte Aufgabenblatt zur Orgelprobe gibt Aufschluss darüber, dass diese in ganz ähnlicher Form wie die früheren

Orgelproben ablief. Dieses zeugt von großem Festhalten an der Tradition, auch wenn sich bezüglich des eigentlichen Orgelspiels sicher der Zeitgeschmack und die in dieser Zeit zumeist doch eher bescheidenen Fähigkeiten der Spieler gegenüber früher gewandelt hatten. Die von Kreuzkantor Julius Otto gestellten Fugenthemen sind dementsprechend schlicht und ernst, aber nicht virtuos gehalten. Der gesamte Gestus und die Anforderungen spiegeln damit genau das damals übliche Phänomen des kirchlich-würdevollen und zur Andacht anregen wollenden Orgelspiels wider, das fern von jeglicher Virtuosität war. Dieses hatte also weder den Glanz des vergangenen Barock noch die später in der Hoch- und Spätromantik aufkommende Virtuosität:

„4. Organisten Probe

1. Praeludium zu dem Chorale
    a. Straf mich nicht in deinem Zorn
    b. Befiehl du deine Wege
    c. [unleserlich]
    d. Gott ist mein Lied
2. den Choral selbst
3. dasselbe mit noch ... anderer Harmoniebegleitung.
4. Dasselbe in einer noch zu bestimmenden anderen Tonart transponiert
5. Eine Generalbaßstimme mit voller Harmonie spielen.
6. Fugenthema, wobei nur richtige Einfügung der 4. Stimmen, von freier Fantasie darüber verlangt wird.“[136]

Es folgen unter a) bis d) vier Fugenthemen

Dem Zeitgeschmack und der Spielweise entsprechend fielen auch die Beurteilungen von Kreuzkantor Julius Otto über das Spiel der Kandidaten aus, im Falle Höpners folgendermaßen:
„Sein Praeludium war aber so brav erfunden, als gespielt und das dazu selbst gewählte Thema höchst lobenswerth durchgeführt. Das Spiel des Chorals, sowie die nachher unterlegten verschiedenen Harmonien waren meisterhaft. Das Transponieren des Chorals war gleichfalls richtig, nur fiel ein Fehler vor, an dem wohl die etwas schwierige Tonart Schuld war. Das Spiel der ziemlich schweren Generalbaßstimmen war nicht durchgehend richtig. Die Ein= und Ausführung des Fugenthema, so wie das Spiel selbst war ganz brav.“[137]
Auch die 1851 einsetzende Diskussion um die Einführung des Orgelspiels im bisher zwar unbegleiteten, aber mit Predigt und Abendmahl stattfindenden Donnerstagsgottesdienstes verdeutlicht den Zeitgeschmack, „da die Würde des Gottesdienstes ... durch die gewünschte Einrichtung offenbar gefördert werden würde“[138]. Auf Antrag des damaligen Superintendenten wurde in der Ratssitzung am 21. Januar 1852 eine „Renumeration“ beschlossen, d. h. ein Honorar für den Organisten von 18 Thalern jährlich und eines für den Kalkanten von

3 Thalern 15 Groschen jährlich.[139] Eine entsprechende Vereinbarung mit Höpner wurde am 5. Mai 1852 geschlossen.[140]

Bezüglich der anderen Gottesdienste, die in dieser Zeit vor allem an Sonntagen mehrfach stattfanden, wurden ebenfalls Änderungen vorgenommen: Ab Oktober 1852 begannen auf Antrag der Geistlichen der Kreuzkirche die sonntäglichen Frühgottesdienste in den Monaten November bis Februar fortan erst um sechs anstatt um fünf Uhr. Anschließend bestand Zeit für einzelne Amtshandlungen, bevor um 8.30 Uhr der Vormittagsgottesdienst und um 14.30 Uhr der Nachmittagsgottesdienst folgten.[141] Über Höpners Unterrichtstätigkeit ist bekannt, dass er stets „auf sauberste Genauigkeit"[142] bedacht war.

Höpner war auch als Komponist tätig. Bereits vor seinem Amtsantritt als Kreuzorganist entstanden neun Werke, darunter solche für Orgel, aber auch Klavierkompositionen wie die Variationen zum „Sehnsuchtswalzer" und zum „Beruhigungswalzer". Außerdem entstanden mehrere Kompositionen für Orgel zu vier Händen. Das vierhändige Spiel wurde damals gerade in der bürgerlichen Haus- bzw. Klaviermusik große Mode. Höpner war jedoch der Erste, der mit seinem nach 1850 erschienenen Opus 19 vierhändige Orgelchoralbearbeitungen schuf.[143]

1839 bot Höpner dem Verlag C. F. Peters in Leipzig eine Sammlung von neunzehn, seiner Aussage nach meist unbekannten Bach-Fugen an, die aus dem Nachlass Gottfried August Homilius', des früheren Kreuzkantors und Schülers Johann Sebastian Bachs, stammen sollten.[144] Dadurch wie auch durch Höpners Nutzung von Bachs Wohltemperierten Klavier zeigt sich, dass die Bach-Rezeption in Mitteldeutschland doch nicht ganz so vergessen gewesen sein kann, wie oftmals bis zur Zeit der Wiederentdeckung der Bachschen Matthäuspassion durch Felix Mendelssohn Bartholdy im Jahre 1829 allgemein angenommen wird.

Mit Christian Gottlob Höpner nahm eine große Organistenfamilie ihren Anfang. Höpners Sohn Emil Robert folgte ihm etliche Jahrzehnte später im Amt des Kreuzorganisten, und der letzte Vertreter der Organistenfamilie Höpner war noch bis 1945 in der Dresdner Lukaskirche tätig. Höpner starb am 26. Oktober 1859 im Amt.

Hoch- und Spätromantik

1859 bis 1864 – Gustav Adolf Merkel

Höpners Nachfolger wurde Gustav Adolf Merkel.[145] Er wurde am 12. November 1827 in Oberoderwitz in der Oberlausitz als Sohn des Lehrers und Organisten August Leberecht Merkel geboren. Durch den dortigen Lehrer Frenzel und den Dorfmusikanten Dietze bekam er ersten Klavier- und Violinunterricht. Auf Wunsch des Vaters erlernte er jedoch zunächst das Tischlerhandwerk. Nach dessen Tod erkannte der Interims-Schulvikar Dressler das musikalische Talent Merkels und dieser erhielt daraufhin bei Kantor Friedrich Kotte, dem Nachfolger von Merkels Vater, weitere musikalische Ausbildung. 1844 trat Merkel in das Bautzner Lehrerseminar ein. Die dortige musikalische Ausbildung durch C. E. Hering verlief offenbar eher planlos. Im Violinspiel nahm er ergänzenden Privatunterricht und spielte selbst ohne Unterricht viel Klavier.

Pfingsten 1848 wurde Merkel Lehrer am Waisenhaus in Dresden-Neustadt. 1849 trat er in die von Hoforganist Johann Schneider geleitete Dreyßigsche Singakademie ein und lernte dadurch wesentliche Werke von Händel und Bach kennen. Vor allem auch die h-Moll-Messe hinterließ großen Eindruck beim jungen Musiker. Außerdem wirkte er später im von Robert Schumann in Dresden gegründeten „Verein für Chorgesang" mit, der auch eine Motette von ihm zur Aufführung brachte. Nach einer Versetzung an die

4. Bürgerschule gab er 1853 das Schulfach auf, erteilte stattdessen privaten Klavierunterricht und nahm selbst Orgelunterricht bei Johann Schneider, Theorieunterricht bei Kreuzkantor Julius Otto und Klavierunterricht bei Friedrich Wieck, dem Vater Clara Schumanns. Robert Schumann und Hofkapellmeister Christian Gottlob Reißiger förderten ihn durch Durchsicht seiner Kompositionen. In dieser Zeit erschienen erste Klavier- und Orgelwerke Merkels im Druck.

Das Jahr 1858 beinhaltete mehrere für ihn wichtige Ereignisse: Im Februar wurde seine vierhändige Orgelsonate op. 30 bei einem Preisausschreiben der „Deutschen Tonhalle" in Mannheim preisgekrönt und Pfingsten heiratete er, nachdem er kurz zuvor die Organistenstelle an der Dresdner Waisenhauskirche angetreten hatte. Wohl um Druck in der Angelegenheit der neu zu besetzenden Kreuzorganistenstelle auszuüben, bewarb sich Merkel 1859 an der Jakobikirche Chemnitz.[146] Auf Betreiben des Dresdner Bürgermeisters Pfotenhauer zog er jedoch seine Bewerbung zurück, nachdem ihm die Nachfolge Höpners an der Dresdner Kreuzkirche in Aussicht gestellt worden war[147], zu der er am 8. November 1859 berufen wurde[148].

Schon zu Merkels Amtszeit als Kreuzorganist kamen in den Vespern „grössere Orgelvorträge und vorzugsweise a capella-Gesänge von seiten des Kreuzkirchenchores zur Aufführung"[149]. Merkels Orgelspiel fand hier besondere Beachtung bei den Zuhörern. Auch sein gottesdienstliches Orgelspiel dürfte Aufmerksamkeit erregt haben, galt Merkel doch als besonders geistvoller und gekonnter Improvisator.[150] Während seiner Tätigkeit als Kreuzorganist gab er an der Kreuzkirche und auswärts zuweilen Orgelkonzerte. Auch wenn die Programme der Orgelkonzerte an seiner eigentlichen Wirkungsstätte zumeist nicht überliefert sind, so lassen doch auswärtige Programme Rückschlüsse zu: 1859 veranstaltete Merkel mehrere Orgelkonzerte in der

Dresdner Frauenkirche, wie damals üblich zu wohltätigen Zwecken. „Das Programm bestand aus einem Choraltrio und der grossen G moll-Fuge von Sebastian Bach, ferner aus Fantasie und Fuge op. 5, Zwei Choralbearbeitungen op. 12 und der Preis-Sonate op. 30 von Merkel (von Johann Schneider und dem Konzertgeber ausgeführt)."[151] Diese Programmgestaltung scheint typisch für Merkel zu sein. Auch spätere, überlieferte Konzertprogramme bestehen zumeist aus eigenen und Bachschen Werken. So gehören die Bachsche g-Moll-Fuge BWV 542, 2 sowie seine eigene Sonate g-Moll op. 42 und seine vierhändige Sonate op. 30 dabei zu den von ihm besonders bevorzugten Werken. Auch das Orgelkonzert am 10. November 1863 in der Leipziger Nikolaikirche „vor einem ‚eingeladenen Kreise'"[152] weist ähnliche Parallelen auf: „S. Bach, Passacaglia. G. Merkel, Adagio im freien Stil op. 35. Choralfuge zu 5 Stimmen über ‚Jesus meine Zuversicht' aus op. 32. S. Bach, Choralvorspiel ‚Schmücke dich, o liebe Seele' und Fuge G moll. G. Merkel, Sonate op. 30 (vorgetragen von Herrn G. A. Thomas und dem Komponisten)."[153]

Anlässlich des Abschlusses der Renovierungsarbeiten an der Kreuzkirchenorgel fand am 12. Juli 1861 ein Orgelkonzert statt.[154]

Durch die Berichte des am 1. Februar 1856 gegründeten Dresdner Königlichen Konservatoriums, an dem Merkel vom 1. Oktober 1861 bis kurz vor seinem Tode als Lehrer für Orgel unterrichtete, ist sein dortiges Unterrichtsrepertoire überliefert. Es umfasst Werke früherer Komponistengenerationen von Froberger, Bach, Händel, Eberlin und Fischer sowie zeitgenössische Werke von Mendelssohn, Ritter, Gade und Merkel bis hin zu Schumanns BACH-Fugen und Liszts Fantasie und Fuge über „Ad nos, ad salutarem undam".[155] Er unterrichtete hier eine zahlreiche Schülerschar und galt als bedeutender Pädagoge, zumal er auch pädagogische Werke verfasste, die eine weite Verbreitung fanden.[156]

Zudem war Merkel einer der im 19. Jahrhundert meistgespielten Orgelkomponisten. Seine Werke wurden außer in Deutschland vor allem in England und Amerika vielfach gespielt. Er hinterließ ein umfangreiches kompositorisches Schaffen, in seiner Zeit als Kreuzorganist entstanden seine Werke op. 32 bis 37, 39 und 42. Außerdem war er als Orgelsachverständiger tätig, wie beim Neubau der Meißner Domorgel durch die Gebrüder Kreutzbach.[157] Merkels Spielweise charakterisieren Zeitgenossen folgendermaßen: „Selbstverständlich war Merkels Orgelspiel ... stets klar und rein, von außerordentlicher Präzision; ausserdem entfaltete er eine grosse Fertigkeit in der Registrierung, welche sowohl äusserst geschmackvoll als auch vollständig frei

„Freitag, den 12. Juli

ORGEL-CONCERT

in der Kreuzkirche
zum Besten des Fonds für den Bau einer neuen Kirche in Dresden, mit
gütiger Unterstützung des K. S. Hofopernsängers Herrn Fr. Weiss u. des
Kreuzchores, gegeben von
Gustav Merkel

PROGRAMM

1. Sonate Op. 19 von A. G. Ritter.
2. „Salvum fac regem" von J. Rietz, aufgeführt vom Kreuzchor.
3. Adagio für Orgel von G. Merkel (Manuscript).
4. „Jesus meine Zuversicht", Choral mit Fuge à 5 voci aus Op. 32 von G.
   Merkel.
5. Gott sei mir gnädig", Arie aus Paulus von Mendelssohn-Bartholdy,
   gesungen von Herrn Fr. Weiss.
6. „Vater unser im Himmelreich", canonisches Choral-Vorspiel von J. S.
   Bach.
7. „O Gott, der du die Liebe bist", von N. W. Gade, ausgeführt vom
   Kreuzchor.
8. Toccata (d-moll) von J. S. Bach.

Einlass ½ 5 Uhr. – Anfang 5 Uhr.
Ende gegen ½ 7 Uhr.

von aller Effekthascherei war. Nicht der äussere Effekt war also sein Ziel, sondern einzig und allein das Bestreben, den gedanklichen Inhalt eines vorzutragenden Werkes vollendet zum Ausdruck zu bringen." [158] Damit gehörte Merkel offensichtlich noch der älteren Orgelschule an, wie sie neben Johann Schneider auch durch Mendelssohn vertreten wurde und nicht etwa der neueren um Franz Liszt, wie dieses etwa bei seinem späteren Nachfolger Bernhard Pfannstiehl der Fall war. Schneiders Spielweise wurde seinerzeit über mehrere Generationen hinweg auf Johann Sebastian Bach zurückgeführt, so dass Merkel in vierter Generation dieser Tradition zugerechnet werden kann. [159] Die bereits von Schneider und später durch Merkel praktizierte Spielweise des absoluten Legato und ihre Verbindung zum Bachschen Orgelspiel wurde allerdings inzwischen mehrfach ausgiebig diskutiert und angezweifelt. [160] Ebenso wurde die immer wieder gerühmte Registrierweise Merkels, die richtungsweisend war für ihre Zeit, bereits mehrfach ausführlich analysiert. [161]

Merkel bewarb sich Anfang 1864 um die Hoforganistenstelle an der katholischen Dresdner Hofkirche. Dieses geschah sehr zum Ärger Johann Schneiders, der seinen vormaligen Lieblingsschüler Merkel stets als seinen Nachfolger als Hoforganist an der evangelischen Hofkirche sah. Als dieser nach nur kurzer Krankheit verstarb,

68

Christian Robert Pfretzschner, Kreuzorganist von 1864 bis 1885

stand führte dazu, dass er sich anschließend allmählich mehr und mehr aus dem öffentlichen Konzertleben zurückzog, bereits 1873 seine erst 1867 angetretene Tätigkeit als Dirigent der Dreyssigschen Singakademie wieder niederlegte und sich stattdessen mehr auf seine kompositorische Tätigkeit konzentrierte.[164] Er verstarb am 30. Oktober 1885.[165]

1864 bis 1885 – Christian Robert Pfretzschner

Merkels Nachfolger wurde der am 13. Juli 1821 in Plauen im Vogtland geborene[166] Christian Robert Pfretzschner, dem Merkel seine Fantasie und Fuge op. 104 gewidmet hatte[167]. Dieser wurde zunächst examinierter Jurist und arbeitete daran anschließend als Advokatenpraktikant.[168] Er war jedoch schon als Schüler musikalisch und kompositorisch aktiv und begann deshalb in Rückbesinnung auf seine musikalischen Fähigkeiten ohne Wissen seines Vaters das Musikstudium bei Felix Mendelssohn Bartholdy in Leipzig. Hier erhielt er während seines zweijährigen Studiums, das er mit einem hervorragenden Zeugnis abschloss, Orgelunterricht bei Carl Ferdinand Becker.[169] Eine herzliche Freundschaft verband ihn mit Robert Schumann und Clara Wieck während deren Dresdner Jahren.[170]

Obwohl er sich eigentlich mehr zur Dirigentenlaufbahn hingezogen fühlte und eine Vorliebe für den Männergesang hegte, bewarb er sich nach der Versöhnung mit seinem Vater aus finanziellen Gründen um eine Musiklehrerstelle am Fletscherschen Seminar in Dresden. Diese Stelle trat er 1846 an und behielt sie bis zu seinem Tode inne.[171] Parallel dazu war er ab 1853 als Organist der Dresdner Waisenhauskirche und ab 1858 als Organist der Annenkirche tätig und leitete von 1858 bis 1860 die Dresdner Liedertafel.[172]

Über Pfretzschners Orgelspiel heißt es in einem Nachruf: „Sein Orgelspiel war ein sehr gediegenes, nicht auf Geltend-

zog Merkel seine Bewerbung zurück und bewarb sich um die Nachfolge seines Lehrers. Zur großen Verwunderung der Fachwelt entfiel jedoch die übliche Orgelprobe und Merkel wurde die Stelle nicht zugesprochen. Daraufhin bewarb er sich auf Aufforderung bei bereits laufendem Bewerbungsverfahren nochmals um die katholische Anstellung, die ihm nach einer dann erfolgten, ordentlichen Probe zugesprochen wurde. Er trat diese am 23. August 1864 an, blieb jedoch evangelisch.[162]

1865 trat bei ihm ein „Halsleiden"[163] auf, das er sich vermutlich bei einem winterlichen Frühgottesdienst in der ungeheizten Kreuzkirche zugezogen hatte. Sein kränklicher Gesundheitszu-

machung der Virtuosität berechnet, vielmehr tiefinnerliche Seelenstimmung wiedergebend. Sein Spiel ging zu Herzen und das bewies er glänzend bei dem Bittgottesdienst wenige Tage vor dem Tode des Königs Johann, denn hier verstand er es, die überaus zahlreich versammelte Gemeinde tief, ja zu Thränen zu rühren.“[173] Auch sein Improvisationstalent wurde bewundert.[174] Außerhalb seiner Dienstpflichten als Kreuzorganist, die das liturgische Orgelspiel in der Kreuzkirche umfassten, trat er selten als Organist in Erscheinung, während in dieser Zeit verschiedene andere Organisten um Genehmigung anfragten, in der Kreuzkirche Orgelkonzerte spielen zu dürfen, darunter Carl August Fischer.[175] Es ist kein Orgelkonzert von Pfretzschner an seiner eigentlichen Wirkungsstätte nachweisbar. Allerdings trat er bereits 1853 bei der Abnahmeprüfung der überholten Silbermannorgel in Reinhardtsgrimma in Erscheinung, dadurch ergibt sich auch für die Romantik eine erneute Parallele zwischen den Orga-

nisten der Kreuzkirche und dieser Orgel.[176]

Seine Dresdner Popularität ist vielmehr auf seine Tätigkeit als Dirigent der Singakademie zurückzuführen, die unter seiner Leitung große chorsinfonische Werke der Klassik und Romantik aufführte. Häufige Aufführungstermine in der Kreuzkirche waren dafür die beiden Bußtage des Kirchenjahres.[177]

Am 1825 gegründeten Fletscherschen Seminar unterrichtete Pfretzschner 40 Jahre lang als Musiklehrer die zukünftigen Lehrer im Rahmen der zeittypischen „Lehrerkantorenausbildung“, nach der jeder Volksschullehrer darauf vorbereitet wurde, in kleineren Gemeinden auch das Kantoren- bzw. Organistenamt übernehmen zu können. Das Fach „Orgel“ hingegen wurde am Konservatorium unterrichtet und brachte die wenigen für die Kirchen größerer Städte notwendigen hauptamtlichen Organisten sowie die späteren Orgelvirtuosen hervor.[178] Zu den letzteren zählte Pfretzschner selbst sicherlich nicht, vielmehr war ihm das große Virtuosentum fremd und er stand nach wie vor im romantischen Geist Mendelssohns und Schumanns.

Von Pfretzschner sind einige Kompositionen überliefert. Neben etlichen vor seiner Tätigkeit als Kreuzorganist entstandenen Chorkompositionen und einzelnen Orgelwerken erlangte vor allem seine „Weihnachtspastorale“ besondere Bekanntheit, welche die gefühlvoll-romantische Musizierweise Pfretzschners belegt.[179]

Pfretzschner starb nach kurzer, schwerer Krankheit am 19. Januar 1885 und hinterließ seine Ehefrau und vier Kinder.[180]

1885 bis 1902 – Emil Robert Höpner

Auch Pfretzschners am 21. Februar 1885 eingesetzter Nachfolger Emil Robert Höpner vertrat noch nicht das romantische Virtuosentum, er wurde vielmehr „als besonders feinsinniger und edler Musiker“[181] charakterisiert. Er wurde als Sohn des früheren Kreuz-

Emil Robert Höpner, Kreuzorganist von 1885 bis 1902

organisten Christian Gottlob Höpner vermutlich in Dresden geboren[182] und war von 1868 bis 1872 Organist der reformierten Kirche und von 1872 bis 1885 an der Frauenkirche. Neben seiner Organistentätigkeit unterrichtete er als Königlicher Musikdirektor von 1874 bis 1889 als Lehrer für Klavier und von 1885 bis 1901 als Lehrer für Orgel am königlichen Konservatorium.[183] Die Prüfungskonzerte des Konservatoriums fanden regelmäßig in der Kreuzkirche statt, wahrscheinlich erstmals im Jahr 1879.

Vermutlich spielte er das letzte Mal am 7. Dezember 1901 in der Vesper. Anschließend wurde er seit Juli 1901 bis zur Amtsübernahme durch Alfred Sittard im Jahre 1903 größtenteils von Max Birn vertreten. Dieser war Organist der Sophienkirche und Schüler Christian Gottlob Höpners und Gustav Merkels und stand damit in ähnlicher musikalischer Tradition wie Emil Robert Höpner. Von ihm sind auch einige Kompositionen überliefert. Höpner ging mit Jahresschluss 1902 als erster Kreuzorganist der Geschichte in den Ruhestand, sein Sterbedatum konnte bisher nicht ermittelt werden.[184]

Nach wie vor war das liturgische Orgelspiel Hauptaufgabe des Kreuzorganisten. Das umfangreiche gottesdienstliche Leben dieser Zeit belegt ein Gottesdienstplan aus dem Jahr 1894.[185]

A. Predigtgottesdienste
   - Sonntags und Feiertags vormittags 9 Uhr.
   - Sonntags und Feiertags abends 6 Uhr.
   - Freitags Abends 7 Uhr.

B. Abendmahlsgottesdienste
   - Sonntags und Feiertags ab 8 Uhr Beichte in den Kapellen und in der Sakristei mit anschließender Communion am Altar der Kirche, weitere Beichte ¾ 9 mit Communion im Anschluss an den Predigtgottesdienst
   - Donnerstag früh 9 Uhr Beichte und Communion
   - Abendcommunion im Anschluss an den um 6 Uhr beginnenden Sonntags-Abendgottesdienst einmal in jedem Monat und außerdem an bestimmten Feiertagen

C. Kindergottesdienste
   - An jedem Sonntag Vormittag ½ 12 Uhr

D. Liturgische Gottesdienste
   - Jeden Sonnabend um 2 Uhr wird in der Vesper die Schriftvorlesung mit verschiedenartigen Darbietungen kirchlicher Musik umrahmt.
   - Am Charfreitag Nachmittags 3 Uhr als zur Sterbestunde unsers Heilandes wird liturgischer Gottesdienst gehalten.
   - Am Charfreitag Abends 6 Uhr soll das Oratorium von Joh. Seb. Bach: „Die Passion Jesu Christi nach dem Evangelium St. Matthäi" zur Aufführung kommen.
   - Am Todtenfest Abends 6 Uhr findet statt des sonntäglichen Predigtgottesdienstes ein liturgischer Gottesdienst mit Ansprache statt. [186]

In den Vespern ergab sich die Gelegenheit zu längerem solistischem Orgelspiel, der Ablauf war zwischen 1889 und 1935 ungefähr folgender:

1. „Ein größeres Orgelwerk
2. Ein oder zwei Chorstücke bzw. ein Solostück mit Orgelbegleitung
3. Vorlesung, Ansprache, Segen
4. Gemeindelied
5. Solostück mit Orgelbegleitung
6. Ein Chorstück (teilweise auch mit Orgelbegleitung)"[187].

Über die von Höpner in den Vespern gespielten Orgelwerke hat man noch heute einen guten Überblick, nachdem Kreuzkantor Oskar Wermann 1876 gedruckte Vesperprogramme einführte, die sich ab 1889 erhalten haben. Hierin wird deutlich, dass Höpner zeittypisch sowohl Orgelwerke von Johann Sebastian Bach, Felix Mendelssohn Bartholdy, Joseph Rheinberger und Robert Schumann spielte als auch Werke der Dresdner Komponisten Gustav Adolf Merkel, Johann Gottlob Schneider und Oskar Wermann. Auch Werke von Brosig, Fink und Gade gehörten zu seinem Repertoire.

Zu Höpners 25. Amtsjubiläum wurde am 2. Juli 1893 von seinen Amtskollegen als besonderes Zeichen ihrer Wertschätzung ein Konzert veranstaltet. Zeittypisch ist auch hier der Wechsel von Orgelwerken und solistischen Gesangsbeiträgen:

1. Präludium (Es=dur) von Joh. Seb. Bach, gespielt von Herrn H. Fährmann, Cantor und Organist an der Johanneskirche
2. Sopran-Arie „Auf [unleserlich]" aus der Schöpfung von Jos. Haydn. Die Begleitung hat Herr Otto Thomas, Cantor u. Organist zu St. Pauli übernommen.
3. Pastorale aus der Orgelsonate op. 70 (D=moll) von Osk. Wermann, gespielt von Herrn Friedmann [?] Töpfer, Organist an der Dreikönigskirche.
4. Arioso für Violoncello und Orgel von Carl Hüllwed. Die Orgelbegleitung hat Herr A. F. Rißmann, Organist an der Annenkirche, übernommen.
5. Andante aus einer Orgel-Sonate von Gustav Merkel, gespielt von Herrn F. W. Borrmann, Organist an der Martin-Luther-Kirche.
6. Arie für Tenor von G. Fr. Händel. Die Orgelbegleitung hat der Hoforganist Herr Otto Zocher übernommen.
7. Fantasie für Orgel (As=dur) von C. G. Höpner (sen.), gespielt von Herrn Paul Janssen, Organist an der Frauenkirche.[188]

Die Orgel der Kreuzkirche wurde 1894/95 technisch modernisiert, jedoch am 16. Februar 1897 zusammen mit der Kirche durch einen Schornsteinbrand vollkommen zerstört. Die maßgeblich von Otto Dienel aus Berlin entworfene, neue Orgel konnte Höpner nicht mehr lange nutzen.

1903 bis 1912 – Alfred Sittard

„Herr Alfred Sittard ist nach meiner Meinung einer der allerersten Orgel-Künstler unserer Zeit. Mit einer alle Schwierigkeiten mit absoluter Sicherheit und Leichtfertigkeit überwindenden stupenden Technik verbindet er vollendeten musikalischen Geschmack. Die Klarheit, mit welcher er die compliziertesten polyphonen Gewebe eines J. S. Bach darlegt, ist bewunderungswürdig; seine Kunst des Registrierens geradezu genial zu nennen."[189] Diese Worte von Prof. Artur Nikisch[190] belegen die hohe Wertschätzung, die bereits dem jungen Alfred Sittard entgegengebracht wurde. Auch der berühmte

Violinvirtuose Joseph Joachim sprach
1902 anlässlich der Verleihung des
Mendelssohn-Preises an Sittard von
dessen „vollendeter Meisterschaft".[191]
Mit nur 24 Jahren trat der am 4. November 1878 geborene Alfred Sittard
1903 das Kreuzorganistenamt als seine
erste Stelle an. Da sein Vater, der Mu-

sikforscher und -Schriftsteller Joseph
Sittard, Musikreferent des Hamburgi-
schen „Correspondenten" war[192], war
dieser in damaligen Musikerkreisen
sehr populär und unterhielt in diesen
eine rege Korrespondenz. Neben seinem Vater erhielt Sittard in seiner
Hamburger Jugend besondere Prägung

73

durch seine Lehrer Petrikantor Wilhelm Köhler-Würnbach und Petriorganist Karl Armbrust. Nach Armbrusts Tod im Jahr 1896 übernahm Sittard während der Vakanzzeit noch als Primaner des Johanneums das Organistenamt an der Petrikirche.[193]

Von 1897 bis 1901 studierte er Orgelspiel bei Friedrich Wilhelm Franke, Komposition bei Franz Wüllner sowie Klavier[194] am Kölner Konservatorium, welches er mit dem Reifezeugnis in den genannten Fächern verließ.[195] Nach dem Studium wurde er Volontärdirigent am Hamburger Stadttheater, erregte aber besonders durch sein Orgelspiel öffentliche Aufmerksamkeit.

In Dresden stand ihm mit der neuen großen Jehmlich-Orgel ein gewaltiges spätromantisches Instrument zur Verfügung. Bereits ab 1908 wirkt er jedoch bei der Planung des noch wesentlich größeren Orgelwerks der Hamburger Michaeliskirche mit, an die er 1912 wechselte und bei deren Weihe er am 19. Oktober 1912 in Anwesenheit des Kaisers spielte. Neben einer ausgedehnten Konzerttätigkeit in ganz Europa nahm er 1925 eine Berufung als Professor für Orgelspiel in Berlin an, wo er 1933 Direktor des Staats- und Domchores wurde.[196] Dort hatte er im Dritten Reich mit zunehmenden Denunziationen zu kämpfen, zumal er nie der NSDAP beitrat.[197] Sittard starb am 31. März 1942 mit 63 Jahren unerwartet an seinem letzten Arbeitstag.[198] Sein Nachfolger in Berlin wurde Hugo Distler, der auch Sittards Wohnung bezog und sich hier im November 1942 das Leben nahm.[199]

Bezüglich seiner Dresdner Amtspflichten gibt die Dienstanweisung Sittards vom 16. Juni 1903 Aufschluss. Demnach gehörte das Orgelspiel bei allen sonn- und festtägigen sowie Wochen- und Kindergottesdiensten, bei der Abendmahlsfeier des Kreuzchores, den Vespern vor den Sonn- und Feiertagen, Trauungen, bei den jährlich einmaligen Gottesdiensten in wendischer Sprache und bei Konfirmationen und Kommunionen dazu. Interessant ist der Hinweis, dass er während dieser Veranstaltungen die Orgelempore nicht zu verlassen hatte. Auch die Begleitung des Kreuzchores gehörte bei Bedarf hinzu. Der Gemeindegesang wurde in dieser Zeit vom Kantor angeleitet.[200]

Sittards Selbstverständnis und das Verhältnis zum damaligen Kreuzkantor belegen Erinnerungen damaliger Kruzianer: „Das Verhältnis O. Richter und Sittard war allerdings sehr gespannt. Ich war Zeuge, asl [sic] Sittard einen dienstlichen Auftrag des Kantors ablehnte und in ziemlich arroganten [sic] Ton hinzufügte: ‚Ich bin Künstler!‘"[201] Sittard ließ sich sogar im Gottesdienst von seinen Orgelschülern vertreten „und erschien also nur dann, wenn er als ‚Künstler‘ auftreten konnte, d. h. zur Vesper."[202] Der Kirchenvorstand wies Sittard 1907 sicherlich nicht ohne Grund nochmals konkret auf die Pflicht des gottesdienstlichen Orgelspiels hin[203], Sittard bat seinerseits 1911 um Befreiung vom Orgelspiel im Kindergottesdienst[204]. Andererseits berichten Kruzianer von seinem ihnen gegenüber liebenswürdigen Wesen und von seiner beeindruckenden Künstlerpersönlichkeit.[205]

Sittard pflegte Verbindungen zu anderen berühmten Musikern seiner Zeit, so über lange Jahre hinweg zu dem deutsch-amerikanischen Organisten und Komponisten Wilhelm Middelschulte, dessen Werke er ab Oktober 1908 regelmäßig in die Vesperprogramme mit aufnahm und der selbst am 10. Juli 1909 und am 2. November 1911 in den Vespern die Orgel spielte. Von einiger Brisanz war das Verhältnis zu Karl Straube und Max Reger, von denen er einerseits wohl hochgeschätzt, andererseits aber sehr kritisch gesehen wurde:

In einem Brief vom 30. Juli 1904 schrieb Reger an Sittard: „Für Ihre so ausgezeichnete Interpretation meines op 60 in Dresden meinen besten Dank, es würde mich freuen, wenn Sie in Zukunft recht viel von meinen Orgelwer-

Programm des letzten Orgelkonzerts von Alfred Sittard in der Kreuzkirche am 6. März 1912, Titelseite

meister Arthur Nikisch als Nachfolger des zurückgetretenen Paul Homeyer (gest. 27. Juli 1908) für das Amt des Organisten am Gewandhaus gehandelt, was Reger in Übereinstimmung mit Straube verhinderte."[211] Reger unterzeichnete mit „Kurzum: die Sache haben wir wiedermal verhindert! Mit besten Grüßen von Haus zu Haus stets Dein Max Reger. Intrigant und Direktor einer Agentur für Lehrstellen am Conservatorium."[212]

Die Dresdner Presse hingegen war stets voll des Lobes für Sittard. Er veranstaltete mehrere Orgelkonzerte und nicht selten wird berichtet: „Die Kreuzkirche war vollbesetzt."[213] Dieses ist umso erstaunlicher, entsprachen doch seine Programmgestaltungen nicht immer ganz dem vorherrschenden Publikumsgeschmack: „Orgelkonzerte ohne jede ‚Mitwirkung' erfreuen sich im allgemeinen nicht gerade der Gunst des großen Publikums, um so weniger, wenn ihr umfängliches Programm nichts anderes als Choralkompositionen verheißt. Selbst die Namen Bach, Brahms und Max Reger, die gestern abend diese Kompositionen deckten, hätten wohl kaum die überraschende Fülle des Gotteshauses zu zeitigen vermocht, wenn ihnen nicht in Alfred Sittard ein Interpret zu Hilfe gekommen wäre, dessen hervorragende Künstlerschaft in Dresden seit geraumer Zeit einen getreuen Kreis ehrlicher Bewunderer gefunden hat."[214] Die Programmhefte der Orgelkonzerte Sittards zeichneten sich durch ausführliche, oft analytische Einführungstexte aus.

1912 bis 1935 – Bernhard Pfannstiehl
Ebenfalls ein großer Musiker, dabei eine vollkommen andere Persönlichkeit als Sittard, war Bernhard Pfannstiehl, sein Nachfolger als Kreuzorganist. Wie Sittard, so unterhielt auch Pfannstiehl Kontakte zu den großen Musikerpersönlichkeiten seiner Zeit: Pfannstiehl folgte dem Rat Franz Liszts, der immer ein Bewunderer Pfannstiehls blieb, und widmete sich stärker als zuvor dem Orgelspiel.[215]

ken spielen würden."[206] Sittard berichte am 18. November 1911 selbst: „Heute war Reger bei mir in der Kirche, ich spielte seine Fis-moll-Sonate. Nachher trank er eine Unmasse Bier und heute Abend spielt er selber in einem Konzert."[207] Karl Straube schlug Sittard 1906 „als vollwertigen Ersatz"[208] vor, als er selbst eine Berufung an die Kaiser-Wilhelm-Gedächtnis-Kirche in Berlin ablehnte.

Im August 1904 schreibt Reger jedoch an Straube: „Sittard (Dresden) besuchte mich – sehr jung, sehr eingebildet."[209] In einem weiteren Brief Regers an Straube vom 30. März 1908 findet sich auch Aufschlussreiches über die von Reger so bezeichnete „Affaire Sittard"[210]. Diese wurde bereits untersucht: „Offenbar wurde Sittard auf Vorschlag von Gewandhauskapell-

Pfannstiehl besuchte von 1877 bis 1881 als Hospitant das Leipziger Konservatorium und von 1881 bis 1886 Vorlesungen in Theologie und Philologie an der dortigen Universität. Seine enorme Gedächtnisleistung, mit der er seine Blindheit zu kompensieren wusste, wurde hier deutlich: Er beherrschte die Sprachen Griechisch, Latein, Spanisch, Italienisch, Französisch, Portugiesisch, Englisch, Schwedisch, Norwegisch, Dänisch und Russisch.[219] Nach seiner ersten Begegnung mit Franz Liszt verdiente er in den folgenden Jahren seinen Lebensunterhalt durch eine rege Konzerttätigkeit als Pianist und Organist, die ihn sogar bis in die Schweiz und nach Österreich führte. Eine feste Anstellung blieb ihm jedoch lange wohl aufgrund seiner Blindheit verwehrt, obgleich ihm nicht zuletzt durch die mehrmalige Stipendienverleihung des Mendelssohn-Preises seine Begabung bescheinigt wurde.[220] Trotz stets größter künstlerischer Erfolge befand er sich daher in finanziell prekärer Lage[221], bis man ihm 1898 die Stelle des Organisten am Leipziger Stadtkrankenhaus St. Jakob übertrug, die ihm ein zwar geringes, aber festes Einkommen einbrachte[222].

Pfannstiehl erhielt das Amt des Kreuzorganisten im April 1912 ohne Mitbewerber, nachdem er sich nach vorangegangener Aufforderung beworben hatte.[223] 1914 wurde er zum Kirchenmusikdirektor ernannt. Bis zu seinem Ruhestand im Jahre 1935 lebte er mit seiner Frau Helene, seinen zwei Töchtern und zwei Söhnen in Dresden, anschließend in Freiberg, wo er am 19. September 1940 verstarb.[224]

Über den Umgang mit seiner Blindheit schrieb Rudolf Decker 1962 an Marie Pfannstiehl: „Ich habe ihn [...] selbst wiederholt dabei angetroffen, daß er in seine Blindenschreibmaschine Noten nach Diktat Ihrer Mutter, die am Klavier saß und einzelne Tasten anschlug, wobei sie die jeweiligen Notenwerte nannte, niederschrieb. [...] Ich entsinne mich auch einer Sammlung von Cho-

Der am 18. Dezember 1861 in Schmalkalden als Sohn des Wirtes des Gasthauses „Zum Adler" geborene Bernhard Pfannstiehl erblindete im Alter von sechs Jahren an Scharlachfieber. Auf Anraten des Komponisten Karl Wilhelm („Die Wacht am Rhein") schickten ihn seine Eltern zur musikalischen Ausbildung nach Leipzig.[216] In der dortigen Blindenerziehungsanstalt erhielt er musikalischen Unterricht bei Julius Kniese und später bei Heinrich Klesse. Seine dadurch erlangten pianistischen Fähigkeiten ermöglichten es ihm, bereits als 13-Jähriger als Pianist in Leipzig aufzutreten.[217] 1879 und 1880 trat er in Leipzig öffentlich als Organist auf, nachdem er sich zuvor mit dem Orgelspiel beschäftigt hatte. Dieses fand in der Presse ein sehr positives Echo.[218]

ralmelodien auf Postkarten, die er in dem Stübchen in der Orgel aufzubewahren pflegte und habe auch erlebt, daß er davon bei einer weniger bekannten Melodie während des Gottesdienstes Gebrauch machte. Er hielt dabei die mit Blindennoten beschriftete Postkarte mit der linken Hand gegen die Brust und fuhr mit dem Finger nach, um die Noten zu entziffern, indes er mit der rechten Hand und dem Pedal den betreffenden Choral spielte. Einer Auskunft Ihrer Mutter entnahm ich aber, daß Ihr Vater mindestens in seinen jüngeren Jahren kaum oder gar nicht nach Blindenschrift, sondern auf Grund des Vorspiels durch andere Musiker auswendig gelernt habe. [...] Ich gestehe offen, daß mir das allerdings nicht so ganz glaubwürdig erschien. Nun traf ich aber kürzlich durch Zufall einen früheren Schüler Ihres Vaters [...]. Er erzählte mir, er habe Ihrem Vater einmal eine eigene Komposition, nämlich einen 4-stimmigen Chorsatz von etwa 3 Minuten Dauer, den Ihr Vater noch niemals gehört haben konnte, aus einem Manuskript am Klavier vorgespielt. Daraufhin sei Ihr Vater imstande gewesen, eben diesen Satz vollständig notengetreu zu wiederholen. Er (Meyer) sei damals ganz sprachlos über diese Gedächtnisleistung gewesen."[225] Beim Zusammenspiel mit anderen Beteiligten stand ihm seine Frau zur Seite: „Die großen Oratorien begleitete er an der [großen] Orgel, wobei ihm Frau Pfannstiehl die Einsätze auf die Schulter klopfte."[226]

Die damaligen Vesperprogramme verdeutlichen das umfassende Repertoire Pfannstiehls:[227]   „Selbstverständlich gehörten Johann Sebastian Bach und Felix Mendelssohn Bartholdy zu den wichtigsten Komponisten, die er auch sehr verehrte und deren Werke er häufig spielte, aber darüber hinaus beschäftigte er sich mit einer Fülle von anderen Musikstilen. ‚Er hat sich [...] sehr um die Einführung der französischen Orgelmusik bemüht: Guilmant, Saint-Saens, Widor, den Spanier Pedrell, den Italiener Enrico Bossi, mit denen er zum Teil befreundet war.'‚[228] Pfannstiehl unterhielt eine rege Korrespondenz, darunter nicht nur zu allen o. g. Musikern, sondern auch zu Persönlichkeiten wie Max Reger oder Albert Schweitzer. Er setzte sich sehr für die Verbreitung der Musik seiner Zeit

Kreuzorganist Bernhard Pfannstiehl am Spieltisch der großen Jehmlich-Orgel von 1900

ein, wofür sich z. B. Alexandre Guilmant bedankte: „Je saisis cette occasion pour vous remercier cordialement de jouer mes œuvres et faire connaitre mes compositions en Allemagne"[229]. „(,Ich nutze die Gelegenheit, um Ihnen herzlich zu danken, dass Sie meine Werke spielen, und meine Kompositionen in Deutschland bekannt machen:)"[230]

Konzertreisen unternahm er während seiner Dresdner Amtszeit seltener als zuvor. Neben der nun nicht mehr gegebenen finanziellen Notwendigkeit solcher Reisen dürfte sicher auch der Erste Weltkrieg ein Grund dafür gewesen sein. Allerdings unternahm er mehrfach Auslandsreisen gemeinsam mit dem Kreuzchor. Eine Reise nach Schweden im Mai 1920 markierte dabei für ihn nicht nur den Beginn lang-

jähriger Verbindungen in dieses Land, sondern führte auch zu einer ersten persönlichen Begegnung mit Albert Schweitzer, mit dem er bereits zuvor in brieflichem Kontakt gestanden hatte. Aus seinen internationalen Kontakten resultierend, brachte er in den Vespern eine große Bandbreite von Kompositionen zur Aufführung, darunter Werke altspanischer Meister, zeitgenössischer schwedischer Komponisten u. a. m.[231] Bemerkenswerterweise führte Pfannstiehl trotz seiner Blindheit häufig Werke für Orgel und Orchester auf. Das „Konzert zum Besten der Wiederherstellung der Prospektpfeifen" am Sonnabend, dem 21.6.1924 in der Kreuzkirche ist ein Beispiel dafür, das damalige Programm zeigt außerdem sein Bemühen um Einbeziehung von Werken ausländischer Komponisten:

1. „Enrico Bossi: Konzert a-Moll, Werk 100, Für Orgel, Streichorchester, 4 Hörner und Pauken.
   a) Allegro   b) Adagio ma non troppo   c) Finale
2. Johannes Brahms: „Ich wandte mich" aus den „Ernsten Gesängen", Werk 121. [...]
3. Zwei Cellovorträge mit Orgelbegleitung:
   a) Max Reger: Präludium aus der Suite für Cello solo
   b) Joseph Haydn: Adagio aus dem D-dur Konzert
4. Enrico Bossi: „Cantate Domino canticum Novum"!
   für sechsstimmigen Chor mit Orgelbegleitung [...]
5. Johannes Brahms: „Wenn ich mit Menschen- und mit Engelszungen" aus den „Ernsten Gesängen", Werk 121. [...]
6. Alexander Guilmant: Symphonie d-Moll, Werk 42
   für Orgel und Orchester
   a) Introduktion und Allegro   b) Pastorale   c) Finale"[232]

In die Zeit von Pfannstiehls Wirken fällt die Rückbesinnung auf die Musik Alter Meister. Pfannstiehl wusste dieses mit seinem spätromantisch-virtuosen Repertoire zu verbinden und brachte entsprechende Werke nicht nur in Dresden, sondern auch auf seinen Auslandsreisen, die er oftmals ge-

meinsam mit dem Kreuzchor unternahm, zur Aufführung. Dieses wird im Programm seines „historischen Kirchenkonzertes" vom 25. Mai 1920 in der Engelbrektskyrkan in Stockholm deutlich: Es kamen damals sowohl Werke von Arnold Schlick, Girolamo Frescobaldi, Johann Pachelbel als auch von Louis Vierne und abschließend Max Regers Choralfantasie „Halleluja, Gott zu loben" zur Aufführung.[233] Ebenfalls setzte damals die Orgelbewegung ein. In einem Brief an Albert Schweitzer, dem ihm gut bekannten Hauptvertreter der elsässischen Orgelreform, schreibt Pfannstiehl: „'Vor einiger Zeit spielte ich im Dom zu Freiberg die dort noch unverändert stehende Silbermann'sche Orgel, mit ungleichschwebender Stimmung. War das eine Freude! [...] Meine ehemalige Begeisterung für die Pneumatik hat sich völlig abgekühlt. Das Nachschleppen der Töne ist mir unerträglich geworden[...].'"[234]

Dennoch blieb Pfannstiehl stets ein Vertreter der spätromantisch-orchestralen Musizierweise, wie dieses auch die zeitgenössische Presse bestätigt: „Darum hat er auch der neuen Barockmode keine Zugeständnisse gemacht. Er ist sich selbst treu geblieben."[235] Noch im Ruhestand schrieb er aus Freiberg über die ersten Umbaumaßnahmen an der Kreuzkirchenorgel unter seinem Amtsnachfolger Collum: „Es sind in das 3. Manual, wie ich höre, einige Stimmen eingebaut worden. Ein Einfuss u. eine Terz 1,3/5. Auf diese Art ist es nun doch leichter die Orgelwerke mit Leipziger Gepipse zu spielen."[236] Dementsprechend fällt auch sein Urteil über die nach seinem Ruhestand durch Collum und Mauersberger in der Kreuzkirche aufgeführten Werke aus: „[Die] entweder uralte, oder übermoderne Musik, die jetzt dort gemacht wird, ist nicht nach meinem Geschmack."[237] Die bei seinem Tode in der Presse geäußerte Charakterisierung „Ein hochbedeutender Musiker, eine Persönlichkeit von universeller Bildung ist dahingegangen. Sein Wirken und sein edles Menschentum werden unvergessen bleiben."[238] dürfte sein Wirken und seine Person zusammenfassend gut beschreiben.

Orgelbewegung

1935 bis 1982 – Herbert Collum

Im April 1935 wurde der damals erst 21-jährige Herbert Collum neuer Kreuzorganist. Am 18. Juli 1914 in Leipzig geboren, übte er bereits als 14-jähriger an der dortigen Mathäikirche seine erste Organistentätigkeit aus. Von 1930 bis 1934 studierte er am Leipziger Landeskonservatorium bei Karl Straube und Günther Ramin (Orgel), Carl A. Martienssen (Klavier) und Johann Nepomuk David (Komposition). Von 1932 bis 1935 war er Assistent von Günther Ramin an der Thomaskirche in Leipzig.[239]

Mit seiner Wahl zum Kreuzorganisten wurde ein großer stilistischer Umbruch eingeleitet. Gegenüber der Spätromantik seiner Vorgänger brach die Zeit der Orgelbewegung und der klassischen Moderne an. Schon als 19-jähriger beeindruckte Collum seine Zeitgenossen: „Hier war Rhythmus, sicherer Einsatz, Präzision, Beherrschung des Instrumentes, aber auch Leidenschaft und Feuer."[240] In seiner Programmwahl, seinen Interpretationen und Kompositionen lag er stilistisch zwischen der hohen Expressivität der Romantik einerseits und der „Neuen Sachlichkeit" andererseits. Eine zentrale Rolle spielten für ihn vor allem die Werke Johann Sebastian Bachs und Max Regers ebenso wie diejenigen seines Lehrers Johann Nepomuk David sowie seine eigenen Kompositionen.

Bereits 1935 gründete er die „Dresdner Collum-Konzerte"[241]. Neben seiner Tätigkeit als Kreuzorganist ging er auch einer umfangreichen auswärtigen Konzerttätigkeit nach: 1936/37 führten ihn z. B. Konzertreisen nach Dänemark, Schweden, Norwegen und Italien.[242] 1936 begann er mit der noch heute bestehenden Tradition der Orgelkonzerte an der Silbermannorgel in Reinhardtsgrimma.

Seit der 1930 beginnenden Amtszeit von Kreuzkantor Rudolf Mauersberger wurde das Programm der Kreuzchorvespern in die noch heute ausgeübte Form mit vorzugsweise reiner Chor- und Orgelmusik gebracht, während Kreuzkantor Oskar Wermann zuvor die Mitwirkung von Vokal- und Instrumentalsolisten eingeführt hatte.[243] Mit Mauersberger, der bis zum Beginn seines Kreuzkantorats auch als Orgelkomponist in Erscheinung trat, und Collum waren über Jahrzehnte hinweg zwei an sich sehr konträre Musikerpersönlichkeiten an der Kreuzkirche tätig. Der Luftangriff am 13. Februar 1945 zerstörte nahezu die gesamte Dresdner Innenstadt. Collum war einer der ersten, der bereits in den Trümmern wieder musizierte und kulturpolitisch aktiv wurde. Seine damalige gezwungenermaßen auf verschiedene Orte verstreute Tätigkeit wurde mehrfach als „Wanderschaft" beschrieben: Von Reinhardtsgrimma aus, wo er nach der Zerstörung Dresdens zunächst gemeinsam mit zehn anderen Familien im Pfarrhaus wohnte[244], folgten erste Konzerte, oftmals gemeinsam mit seiner Frau, der Sopranistin Herta-Maria Collum-Böhme[245]. Nachdem ihm durch die Zerstörung der Kreuzkirche weder Aufführungsort noch Instrumente zur Verfügung standen, gründete er 1946 den späteren, bis 1969 bestehenden[246] „Collum-Chor".

Die in der Ruine der Reformierten Kirche errichtete Notkirche war der erste in der Dresdner Innenstadt wiederhergestellte Kirchenraum. Ab der 1948 erstmals gefeierten Christvesper trat hier der „Collum-Chor" auf. Etwas später folgten sonntägliche Kirchenmusikstunden in der Annenkirche zugunsten des Wiederaufbaus der Kreuzkirche und nach der Wiedereinweihung der Kreuzkirche am Sonntag, dem 13. Februar 1955 auch bei Abwesenheit des Kreuzchores Auftritte in den dortigen Vespern. Die Aufführung chorsinfonischer Werke von Bach bis Strawinski gehörte zum Programm des Chores.[247]

In der Kreuzkirche stand Collum 23 Jahre keine große Orgel zur Verfügung. Nachdem diese wegen des ab 1940 begonnenen Umbaus nicht nutzbar und später zusammen mit der Kirche zerstört war, spielte er zunächst auf der im November 1949 eingeweihten Orgel der Reformierten Kirche und danach auf der 1951 umgebauten Orgel der Annenkirche. Erst 1963 konnte die neue große Orgel der Kreuzkirche eingeweiht werden. Bereits unmittelbar nach dem Zweiten Weltkrieg begann Collum, zyklische Orgelkonzerte zu veranstalten, darunter 1949/50 unter dem Titel „Ein Jahr Johann Sebastian Bach" – erstmals ein Bachzyklus, dem später noch mehrere Aufführungen des gesamten Orgelwerks Bachs folgen sollten.

Der von ihm eingeführte, ganzjährig einmal monatlich montags stattfindende Orgelzyklus hatte vor allem zu DDR-Zeiten eine äußerst zahlreiche und junge Zuhörerschaft. Dieses für die DDR erstaunlicherweise allgemein zu beobachtende Phänomen fand in Collums Orgelkonzerten besonders starke Ausprägung. Nicht zuletzt seine an junge Hörer gerichteten Vorführungen an der Orgel des Dresdner Kulturpalastes mögen ihren Teil dazu beigetragen haben. Im noch heute bestehenden Orgelzyklus gastierten schon damals neben dem Kreuzorganisten namhafte Organisten aus dem In- und Ausland. Collum begann die immer noch bestehenden Silvester-Orgelkonzerte, in denen er häufig Bachs sogenannte „Orgelmesse" spielte. Neben seiner Dirigenten- und Chorleitertätigkeit trat er auch oftmals solistisch oder gemeinsam mit den Musikern der renommierten Dresdner Orchester als Cembalist auf.

Collums Dresdner Tätigkeit war von zwei Diktaturen geprägt. Als 1961 der Mauerbau begann, befand sich Collum auf einer Konzertreise im Westen, kehrte jedoch nach Dresden zurück und blieb damit erneut seiner sächsischen Heimat treu, wie er es schon 1950 getan hatte, als er die an ihn herangetragene Professur für Orgel in der Nachfolge des Lübecker Marienorganisten Walter Kraft an der Freiburger Musikhoch-

schule ablehnte.[248] Als eingeschriebenes Mitglied der CDU bekannte er sich ausdrücklich zu christlichen Traditionen. Auch ihm wurde in der DDR sein künstlerisches Engagement in mancherlei Hinsicht nicht gedankt. So gestattete man es ihm über lange Jahre hinweg nicht, westliche Konzertreisen und Lehraufträge anzunehmen. Aus diesem Grund musste er auch 1961 seinen seit 1949 ausgeübten Lehrauftrag an der Kirchenmusikschule im Westberliner Johannesstift beenden. Er lehrte 1953 bis 1956 Orgel an der Dresdner Musikhochschule, wo er ab 1964 Cembalo unterrichtete.[249] 1960 wurde er mit dem Professorentitel ausgezeichnet. Große Erfolge konnte er auf Gastspielen in der Sowjetunion und in anderen sozialistischen Ländern erreichen. Vor allem deshalb wurde ihm 1979 der Nationalpreis der DDR verliehen.[250]

Collum hinterließ ein umfangreiches kompositorisches Schaffen. Sein Stil war u. a. von dem seines Lehrers David geprägt und verband atonale, zwölftönige und neoklassizistische Elemente[251]. Seine Werke entstanden hauptsächlich zwischen 1940 und 1976. Vor allem in den Nachkriegsjahren trat er verstärkt als Komponist in

Erscheinung.[252] 1944 konzipierte er unter dem Eindruck der Zerstörungen des Zweiten Weltkriegs sein wohl bekanntestes Werk „Totentanz", 25 Variationen über das alte Volkslied „Es ist ein Schnitter, heißt der Tod". Das Werk wurde 1950 von ihm selbst an der Orgel der reformierten Kirche Dresden uraufgeführt. Die von Collum dazu überlieferten, später für die neue Kreuzkirchenorgel erstellten Registrierungen zeigen exemplarisch seine kaleidoskopartige Behandlung des Instruments und eine starke Bevorzugung von aus heutiger Sicht ungewöhnlichen Klangkombinationen, vor allem der sogenannten „Spaltklänge".[253] Es entstanden außerdem mehrere Schallplattenaufnahmen, u. a. auf Silbermannorgeln.[254]

Nachdem sein Wirken noch 1979 zu seinem 65. Geburtstag mit „Spielmannskunst, geistige Heiterkeit und schöpferische Arbeit"[255] umschrieben wurde, verstarb Herbert Collum nach 47-jähriger Tätigkeit als der am längsten wirkende Kreuzorganist am 29. April 1982 im Amt. Er wurde auf dem Kirchhof in Reinhardtsgrimma bestattet.

▨ Moderne

1982 bis 2001–
Michael Christfried Winkler

„Man sollte versuchen, auch beim zehnten Hören eines Stücks nicht auf die bekannten Stellen zu warten, sondern Neues zu entdecken. Nur wer sich wach hält, entgeht der in der Gesellschaft vorhandenen Tendenz zur Normierung der Menschen. Wer sich aber mechanisieren lässt, verpasst unerwartete Freuden ... Ich hasse jegliche Schablonen, es gibt keine reine Wahrheit."[256] Diese eigenen Worte Michael-Christfried Winklers anlässlich seines 30-jährigen kirchenmusikalischen Dienstjubiläums charakterisieren die kompromisslose Haltung, die der 1982 als Nachfolger Herbert Collums zum Kreuzorganisten gewählte Kirchenmusiker während seiner Amtszeit stets einnahm.

Michael-Christfried Winkler wurde 1946 in Gestewitz bei Weißenfels geboren. Im elterlichen Pfarrhaus kam er schon früh mit gemeindlicher und kirchenmusikalischer Praxis in Berührung. Er studierte evangelische Kirchenmusik mit Hauptfach Orgel in Halle, Leipzig und Prag. Vor seiner Tätigkeit als Kreuzorganist wirkte er von 1970 bis 1982 als Kantor und Organist an der St. Jakobskirche in Köthen. 1980 wurde er zum Kirchenmusikdirektor ernannt.

Als Kreuzorganist ist vor allem sein beharrliches Eintreten für zeitgenössische Musik hervorzuheben. Auch wenn er damit durchaus auf Kritik stieß, ist es dennoch bemerkenswert, dass er sich bereits zu Zeiten der DDR mit regelmäßigen Darbietungen der Werke Olivier Messiaens für die Musik seiner Zeit aus Ländern des westlichen Europa einsetzte. Ebenso waren seine charakteristischen Improvisationen im Gottesdienst in mehrfacher Hinsicht Grund für Diskussionen. Er war kein Verfechter der in seiner Amtszeit neu aufkommenden historischen Aufführungspraxis. Vielmehr wollte er durch seine Interpretation Musik vergangener Jahrhunderte in die Gegenwart holen:[257]

Nicht nur Einsatz für die Moderne, sondern auch zyklische Veranstaltungen, wie die Bach-Abende zum Bachjahr 2000 oder auch die Einführung der adventlichen, sogenannten „Striezelmarktmusiken", prägten Winklers Wirken als Kreuzorganist. Ansonsten führte er die von seinem Vorgänger übernommenen, einmal monatlich montags stattfindenden Orgelkonzerte weiter und pflegte das Orgelspiel in den Gottesdiensten, Kreuzchorvespern, Orgelvespern sowie in der Reihe „Besinnung in Wort und Musik" am Mittwoch.

Neben seiner Tätigkeit an der Kreuzkirche unterrichtete Winkler an der Hochschule für Kirchenmusik Dresden, am Musikwissenschaftlichen Institut der TU Dresden und an der Hochschule für Musik Dresden. Zudem war er Präsidiumsmitglied der Gottfried-Silbermann-Gesellschaft in Freiberg. Er war mehrfach Mitglied von Orgelbaukommissionen, trat jedoch aus Protest ge-

Kreuzorganist Michael-Christfried Winkler bei der Verleihung des Kunstpreises der Landeshauptstadt Dresden 1994

gen die Abweichung von einer reinen Silbermann-Rekonstruktion für den Bau der Orgel der Dresdner Frauenkirche aus dieser Kommission wieder aus. 2002 wurde Winkler durch den Freistaat Sachsen ehrenhalber zum Professor ernannt. Winklers Orgelspiel ist auf zahlreichen Schallplatten- und CD-Aufnahmen zu hören.

Einen Schwerpunkt seines Schaffens bildete die Kompositionstätigkeit, der er sich noch heute widmet. Bereits als Fünfjähriger begann er mit ersten Kompositionsversuchen. Es entstanden zahlreiche Werke, von denen einige mit Preisen ausgezeichnet wurden. 1994 erhielt er sowohl für seine Tätigkeit als Kreuzorganist als auch als Komponist den Kunstpreis der Landeshauptstadt Dresden.

Etliche Jahre von Winklers kirchenmusikalischer Tätigkeit fallen in die Zeit des DDR-Regimes. In den 1980er Jahren wurde die Kreuzkirche neben der Leipziger Nikolaikirche zu einem zentralen Punkt der Montagsdemonstrationen und einem Symbol des Aufbruchs. Abertausende Menschen versammelten sich regelmäßig in der Kreuzkirche zu den Friedensgebeten, um von hier aus in Lichterprozessionen zur Ruine der Frauenkirche zu ziehen. Die zu diesen Anlässen häufig vollkommen überfüllte Kirche wurde dabei zum Schauplatz engagierter, auch politisch motivierter Großveranstaltungen. Seither gilt sie auch als eines der zentralen Symbole für die friedliche Revolution der Wende 1989/90.

Winkler ging nach längerer Erkrankung im Juni 2001 vorzeitig in den Ruhestand.

2002 bis 2004 – Martin Schmeding

Nach einjähriger Vakanz der Stelle wurde Martin Schmeding Ende Oktober 2002 nach einer bundesweiten Stellenausschreibung unter zahlreichen Bewerbern aus dem gesamten Bundesgebiet zum Kreuzorganisten gewählt. Der 1975 in Minden/Westfalen geborene Musiker studierte in Han-

nover, Amsterdam und Düsseldorf Kirchenmusik, Musikerziehung, Blockflöte (Konzertexamen) und Orgel (Konzertexamen), Dirigieren, Cembalo und Musiktheorie. Zu seinen Lehrern zählten Ulrich Bremsteller, Lajos Rovatkay, Dr. Hans van Nieuwkoop, Jacques van Oortmerssen und Jean Boyer. Während des Studiums war er Stipendiat der „Studienstiftung des Deutschen Volkes". Nach acht ersten Preisen beim Bundeswettbewerb „Jugend musiziert" wurde er Preisträger zahlreicher nationaler und internationaler Wettbewerbe. Daneben erhielt er mehrere weitere Stipendien und Förderungen. 1999 wurde ihm der Niedersächsische Kulturförderpreis verliehen.

Von 1997 bis 1999 war Schmeding Kantor und Organist der Nazareth-Kirche Hannover, danach Nachfolger von KMD Prof. Oskar Gottlieb Blarr Kantor und Organist an der Neanderkirche, Düsseldorf.

In seine nur etwa 1 ¾ Jahre während Tätigkeit in Dresden fielen die umfassende Sanierung des Innenraumes und damit verbundene, mehrfache Schließungen bzw. eingeschränkte Nutzungsmöglichkeiten der Kreuzkirche. Trotzdem initiierte er auf der Basis der von seinem Vorgänger übernommenen Veranstaltungsstruktur mehrere neue Impulse: So nutzte er nicht nur die Baustelle der Kreuzkirche mehrfach als Konzertort, sondern er verlegte auch die bisher ganzjährig Montag stattfindende Orgelkonzertreihe auf Mittwoch. Statt der bisherigen reinen Orgelvespern, die traditionell in der Verantwortung des Kreuzorganisten lagen, führte Schmeding in diesen Vespern instrumentale Kammermusik ein. Zudem begann er eine Matineereihe im Anschluss an den Sonntagsgottesdienst und startete im Sommer eine einwöchige Reihe täglicher Orgelkonzerte mit Musik aus jeweils verschiedenen europäischen Ländern. In Zusammenarbeit mit Joachim Zirkler, dem Pfarrer der Kreuzkirche, entstand die neue Veranstaltungsreihe „Nachtmusik und Nachtgedanken", ein Dialog aus Wort und improvisierter Orgelmusik. Schmedings Mehrfachbegabung ermöglichte ihm auch, in allen diesen Veranstaltungen nicht nur als Organist, sondern auch als Cembalist, Blockflötist und Dirigent aufzutreten. Außerdem trat er in mehreren großen Orgel- und Orchesterkonzerten sowie in einem gemeinsamen Konzert mit dem Dresdner Kreuzchor zum 40-jährigen Jubiläum der großen Jehmlich-Orgel im November 2003 als Solist auf.

Während Schmedings Amtszeit wurden erste konkrete Planungen für eine umfassende Sanierung der großen Jehmlich-Orgel vorangetrieben, nachdem die Grundsatzentscheidung gefallen war, das Instrument zu erhalten und zu optimieren. Da diese Arbeiten erst nach Abschluss der Innenraumsanierung in Angriff genommen werden konnten, Schmeding aber bereits vorher aus dem Amt schied, blieb es vorerst bei den Planungen.

Neben seiner Tätigkeit als Kreuzorganist hatte Schmeding Lehraufträge an der Hochschule für Kirchenmusik in Dresden sowie an den staatlichen Hochschulen in Dresden, Leipzig und Weimar inne, ging einer ausgedehnten internationalen Konzerttätigkeit nach und legte zahlreiche Aufnahmen für Fernsehen, Rundfunk und CD vor.

Martin Schmeding folgte im Herbst 2004 einem Ruf als Professor für Orgel an die Hochschule für Musik Freiburg als Nachfolger von Zsigmond Szathmáry.

Seit 2004 – Holger Gehring

Zum 1. November 2004 wurde Holger Gehring in das Amt des Kreuzorganisten berufen. In diesem Fall verzichtete man auf eine Stellenausschreibung und nach der auf gezielte Einladung des Kirchenvorstands erfolgten Vorstellung von zwei Kandidaten wurde die Wahl getroffen.

Gehring wurde 1969 in Bielefeld geboren und erhielt dort u. a. bei Kantor Herbert Wulf seine erste musikalische Ausbildung. Nach dem Kirchenmusikstudium an den Musikhochschulen in Lübeck (Orgel bei Martin Haselböck, Cembalo bei Hans-Jürgen Schnoor) und Stuttgart (Orgel und Cembalo bei Jon Laukvik) studierte er künstlerisches Orgelspiel bei Daniel Roth an der Musikhochschule Frankfurt und danach Solistenklasse Orgel bei Ludger Lohmann an der Musikhochschule Stuttgart sowie zeitgleich an der Schola Cantorum in Basel bei Jesper Christensen Cembalo, Generalbass und Ensemble für Alte Musik.

Meisterkurse führten ihn zu Marie-Claire Alain, Luigi Ferdinando Tagliavini, Andrea Marcon und Michael Radulescu. Er ist Preisträger mehrerer nationaler und internationaler Wettbewerbe für Orgelliteraturspiel und Orgelimprovisation.

Nach seiner kirchenmusikalischen Tätigkeit an der Friedenskirche Ludwigsburg und als Assistent des württembergischen Landeskirchenmusikdirektors war er als Kantor der Stadtkirche Bad Hersfeld tätig, zudem Dozent an der Kirchenmusikalischen Fortbildungsstätte Schlüchtern sowie Orgelsachverständiger der Evangelischen Kirche von Kurhessen-Waldeck.

2005 wurde er zum Orgelsachverständigen der Evangelisch-Lutherischen Landeskirche Sachsens ernannt. Darüber hinaus ist er als Lehrbeauftragter für

Jehmlich-Orgel und der Chororgel bis zu ihrer Wiedereinweihung am 31. Juli 2005 sowie wie die Planung und Durchführung des letzten Bauabschnitts mit der Schwellwerkserweiterung bis zum 13. Februar 2008 mitgestalten. Weitere, heute in der Kreuzkirche zur Verfügung stehenden Instrumente wurden maßgeblich durch ihn mit initiiert und konzipiert: 2007 entstand das große, zweimanualige Cembalo, angefertigt von Matthias Kramer aus Rosengarten[258] und am 3. Mai 2008 konnte die von der Dresdner Orgelwerkstatt Kristian Wegscheider erbaute neue fahrbare Altarorgel, die aufgrund ihrer Innenkonstruktion sogenannte „Liegende Orgel", eingeweiht werden[259]. Sie ist den besonderen Anforderungen, die in der Kreuzkirche an ein solches Instrument gestellt werden, angepasst.

In die Amtszeit Gehrings fallen seither zahlreiche Neuordnungen und Neukonzeptionen des liturgischen und kirchenmusikalischen Veranstaltungsprogramms: In den Gottesdiensten und Vespern wurden unter Bezugnahme auf frühere Traditionen dieses Ortes zwischenzeitlich „vergessene" kirchliche Feste wie das Michaelis- und Johannisfest wieder eingeführt. Im Gegensatz zu früheren Zeiten ist inzwischen in jedem Gottesdienst, in dem der Dresdner Kreuzchor nicht mitwirkt, ein musikalisches Ensemble vertreten. Die Liturgie wurde stärker anhand der bestehenden Ordnungen ausgeprägt und geordnet, die vom Kreuzorganisten geleitete Figuralmusik folgt intensiv dem Kirchenjahr. Anstelle der früheren reinen Orgelvespern bzw. der Kammermusikvespern traten unter seiner Leitung mehrfach im Jahr Vespern mit reiner Figural- und Orgelmusik mit Solisten und Orchestern. Für die historisch stilgerechte Aufführung Alter Musik wurden von ihm das Barockorchester bzw. das Barockensemble der Kreuzkirche auf historischen Instrumenten ins Leben gerufen.

Ab 2005 initiierte Gehring gemeinsam mit dem damaligen Domorganisten

Orgelliteraturspiel und Orgelimprovisation an den Staatlichen Musikhochschulen in Leipzig, Dresden und Frankfurt a. M, an der Hochschule für Kirchenmusik Dresden und des Dresdner Kreuzchores tätig. Er ist außerdem künstlerischer Leiter der Konzertreihe an der Silbermannorgel und der Schlosskonzerte in Reinhardtsgrimma und Dozent auf Meister- und Fortbildungskursen. Publikationen über Orgelspiel und Orgelbau, CD-, Rundfunk- und Fernsehaufnahmen ergänzen seine Tätigkeit. Regelmäßig arbeitet er mit renommierten Orchestern wie der Dresdner Philharmonie oder den Musikern der Sächsischen Staatskapelle Dresden zusammen und begleitet den Kreuzchor auf seinen internationalen Konzertreisen. Eine rege solistische Konzerttätigkeit als Organist und Cembalist führt ihn durch das In- und Ausland.

Gehring konnte gemeinsam mit den Sachverständigen und der Orgelbauwerkstatt maßgeblich die detaillierte Planung der Sanierung der großen

Hansjürgen Scholze den Dresdner Orgelzyklus, der seit 2006 im wöchentlichen Wechsel zwischen den drei großen Innenstadtkirchen Kreuzkirche, Kathedrale und Frauenkirche ganzjährig jeweils mittwochs um 20.00 Uhr stattfindet. In der traditionellen Sommerpause der Kreuzchorvespern und Vespern wurde durch Gehring der allwöchentlich während der Sommerferien sonnabends um 15.00 Uhr stattfindende Orgelsommer eingeführt. Zusammen mit dem Dresdner Orgelzyklus sowie mit der neu eingeführten Veranstaltungsreihe „Orgel Punkt Drei", die zwischen Ostern und Advent immer dienstags und donnerstags stattfindet, wurde ein Veranstaltungsraster geschaffen, das Orgelmusik für alle Bedürfnisse abdecken will und in den Sommermonaten allwöchentlich bis zu 1.000 Besuchern Orgelmusik nahebringt.

Neben der Ausdehnung der adventlichen Striezelmarktmusiken auf zwei Wochen ergänzen seither an zwei Adventssonntagen Orgelkonzerte das Veranstaltungsprogramm. Hinzu treten das „Orgelkonzert in der Osternacht" sowie Orgelkonzerte mit sinfonischer Orchesterbesetzung oder mit Barockorchester. Orgelfestwochen bilden zeitweilig besondere Höhepunkte. In den Orgelkonzertreihen gastieren namhafte Organisten aus dem In- und Ausland, letztere schwerpunktmäßig innerhalb der in den Orgelzyklus integrierten sommerlichen Internationalen Orgelwochen.

Mittlerweile führen jährlich ca. 250 Veranstaltungen etwa 100.000 Besucher in die Kreuzchorvespern, Vespern und Konzerte sowie weitere 25.000 Besucher in die Gottesdienste der Kreuzkirche. Ein besonderer Höhepunkt ist dabei das alljährliche Silvester-Orgelkonzert, das, seitdem es von Gehring nach neuer Konzeption gemeinsam mit dem Dresdner Trompeten Consort der Sächsischen Staatskapelle durchgeführt wird, einen Besucherzuwachs auf mittlerweile über 3.600 Zuhörer aufweist.

Abschließend sei Frau Antje Müller (Dresden) sehr herzlich für ihre vielfältige Mithilfe gedankt. Weiterer Dank für ihre Unterstützung bzw. die Bereitstellung von Materialien gilt Frau Ulrike Decker, Herrn Dr. Wolfram Hackel, Herrn Prof. Dr. Franz Holzweißig, Frau Dr. Ortrun Landmann, Frau Johanna Schulze (Dresden), Herrn KMD Henk Galenkamp (Zwickau) und Herrn Dr. Henning Siedentopf (Tübingen).

Anmerkungen

1 Soweit nicht anders angegeben, nach Vollhardt 1899, S. 74f., Kunath 1982, Kunath 1988, S. 121ff., Dähnert 1983, S. 77.

2 Held 1894, S. 4.

3 Stadtarchiv 2.1.4 Ratsarchiv, D.XXXIV.15, Blatt 19a.

4 StA, 2.1.4 Ratsarchiv, D.XV, Bl. 8b.

5 Schreibweise laut eigenhändiger Unterschrift in Stadtarchiv 2.1.4 Ratsarchiv, D.XV.

6 StA, 2.1.4 Ratsarchiv, D.XXXIV.15, Titelblatt.

7 StA, 2.1.4 Ratsarchiv, D.XXXIV.15, Bl. 37b.

8 Held 1921, S. 3.

9 Flade 1906, S. 64f.

10 Stadtarchiv 2.1.1 Ratsarchiv, A.XVb.20, Bl. 8b, siehe auch Dähnert 1983, S. 77.

11 StA, 1 Urkunden, Nr. 54 und Codex diplomaticus 1875, S. 58.

12 Härtwig/Herrmann 2006, S. 17.

13 Codex diplomaticus 1875, S. 58.

14 Härtwig/Herrmann 2006, S. 15f.

15 Zit. Nach Dähnert 1983, S. 77.

16 Zit. nach Flade 1906, S. 364f. Die Bläser erhielten demnach jährlich 16 Groschen für das Spiel mit der großen Orgel zu den Festtagen.

17 Flade 1906, S. 34.

18 Zit. nach Dähnert 1983, S. 77.

19 Zit. nach Dähnert 1983, S. 77.

20 Zit. nach Dähnert 1983, S. 77.

21 Held 1894, S. 5 und S. 91f..

22 Flade 1906, S. 34.

23 Zit. nach Dähnert 1983, S. 77. Der Organist Herr Johannsen wurde für das jährliche Orgelspiel bezahlt, der Kalkant (Bälgetreter) erhielt 10 Groschen.

24 Flade 1906, S. 34.

25 Flade 1906, S. 33.

26 Zit. nach Flade 1906, S. 33.

27 Zit. nach Dähnert 1983, S. 77.

28 Härtwig/Herrmann 2006, S. 25.

29 Zit. nach Flade 1906, S. 33.

30 Stadtarchiv 2.1.4 Ratsarchiv, D.XXXIV.15, Bl. 19a.

31 Stadtarchiv 2.1.4 Ratsarchiv, D.XV, Bl. 8a.

32 Stadtarchiv 2.1.4 Ratsarchiv, D.XV, Bl. 7.

33 Stadtarchiv 2.1.4 Ratsarchiv, D.XV, Bl. 2a.

34 Stadtarchiv 2.1.4 Ratsarchiv, D.XV, Bl. 1a.

35 Stadtarchiv 2.1.4 Ratsarchiv, D.XV, Bl. 2b.

36 Stadtarchiv 2.1.4 Ratsarchiv, D.XV, Bl. 2a.

37 Stadtarchiv 2.1.4 Ratsarchiv, D.XV, Bl. 6.

38 Stadtarchiv 2.1.4 Ratsarchiv, D.XV, Bl. 2a.

39 Held 1894, S. 66 und Kunath 1988, S. 122. Dieses Werk Ließbergers wird laut Vollhardt 1899, S. 74 in der Cantorei-Bibliothek in Pirna genannt.

40 Dähnert 1983, S. 77.

41 Stadtarchiv 2.1.4 Ratsarchiv, D.XXXIV.15, Bl. 1ff. Für die Übertragung sei Frau Dr. Ortrun Landmann (Dresden) sehr herzlich gedankt.

42 Stadtarchiv 2.1.4 Ratsarchiv, D.XV, Bl. 36a, laut Mitteilung seines Amtsnachfolgers Alexander Heringk in dessen Bewerbungsschreiben. Siehe auch Kunath 1988, S. 122.

43 Stadtarchiv 2.1.4 Ratsarchiv, D.XV, Bl. 36a.

44 MGG P 10, S. 825.

45 Stadtarchiv 2.1.4 Ratsarchiv, D.XV, Bl. 52, laut eigener Mitteilung Heringks.

46 Gerber I 1790, S. 626.

47 Kunath 1988, S. 122.

48 Stadtarchiv 2.1.4 Ratsarchiv, D.XV, Bl. 36b.

49 Stadtarchiv 2.1.4 Ratsarchiv, D.XV, Bl. 48ff.

50 Stadtarchiv 2.1.4 Ratsarchiv, D.XV, Bl. 51.

51 MGG P 10, S. 825.

52 MGG P 10, S. 825.

53 Gerber I 1790, S. 626.

54 Zit. nach MGG P 15, S. 402.

55 Zit. nach Dähnert 1983, S. 79.

56 Siehe Dähnert 1983, S. 79.

57 Stadtarchiv 2.1.4 Ratsarchiv, D.XV, Bl. 432a.

58 Stadtarchiv 2.1.4 Ratsarchiv, D.XV, Bl. 437.

59 Stadtarchiv 2.1.4 Ratsarchiv, D.XV, Bl. 438, laut Mitteilung von Emanuel Benisch vom 12. Dezember 1695.

60 Stadtarchiv 2.1.4 Ratsarchiv, D.XXXIV.15, Titelblatt und Bl. 6, aus den dortigen Angaben errechnet.

61 Stadtarchiv 2.1.4 Ratsarchiv, D.XV, Bl. 438.

62 Stadtarchiv 2.1.4 Ratsarchiv, D.XV, Bl. 444.

63 Stadtarchiv 2.1.4 Ratsarchiv,
D.XXXIV.15, Bl. 6.

64 Stadtarchiv 2.1.4 Ratsarchiv, D.XV,
Bl. 448ff., laut Ratsprotokoll der
Orgelprobe vom 17.12.1695.

65 Stadtarchiv 2.1.4 Ratsarchiv, D.XV,
Bl. 438b.

66 Stadtarchiv 2.1.4 Ratsarchiv, D.XV,
Bl. 213a.

67 Weitere Einzelheiten hierzu siehe
Snyder 2007, S. 371ff., Belotti 1998,
S. 8ff. und Belotti 2004.

68 Snyder 2007, S. 371.

69 Dähnert 1983, S. 78.

70 Stadtarchiv 2.1.4 Ratsarchiv,
D.XXXIV.15, Bl. 6.

71 Stadtarchiv 2.1.4 Ratsarchiv,
D.XXXIV.15, Bl. 6.

72 Zit. nach Dähnert 1983, S. 79.

73 Zit. nach Dähnert 1983, S. 79.

74 Zit. nach Dähnert 1983, S. 79.

75 Dähnert 1983, S. 237.

76 Auch bei den Kreuzorganisten
Pfretzschner, Collum und Gehring,
siehe auch S. 70, 79 und 85.

77 Stadtarchiv 2.1.4 Ratsarchiv,
D.XXXIV.15, Bl. 17b.

78 Genaue Daten der Quartalszahlungen
nach Grotefend 1991, S. 16. Freundli-
cher Hinweis von Frau Dr. Ortrun Landmann, Dresden.

79 Kunath 1988, S. 122.

80 Stadtarchiv 2.1.4 Ratsarchiv,
D.XXXIV.15, Bl. 15a f.

81 Stadtarchiv 2.1.4 Ratsarchiv,
D.XXXIV.15, Bl. 25a, Schreiben vom
16. April 1742.

82 Rubardt 1964, S. 707. Weitere
Informationen zur Familie Gräbner
siehe auch Fürstenau 1879, S. 540.

83 Stadtarchiv 2.1.4 Ratsarchiv,
D.XXXIV.15, Bl. 36a.

84 Stadtarchiv 2.1.4 Ratsarchiv,
D.XXXIV.15, Bl. 37b.

85 Stadtarchiv 2.1.4 Ratsarchiv,
D.XXXIV.15, Bl. 39a f.

86 Stadtarchiv 2.1.4 Ratsarchiv,
D.XXXIV.15, Bl. 32a ff.

87 Stadtarchiv 2.1.4 Ratsarchiv,
D.XXXIV.15, Bl. 40a f.

88 Burney 1772, S. 352 f.

89 Burney 1772, S. 358.

90 Stadtarchiv 2.1.2 Ratsarchiv, B.III.36,
Bl. 1a ff.

91 Stadtarchiv 2.1.4 Ratsarchiv,
D.XXXIV.15, Bl. 44a. Laut Bewerbungsschreiben August Friedrich Wilhelm

Günthers vom 21. April 1789 ist Zillich
„unlängst" gestorben.

92 Stadtarchiv 2.1.4 Ratsarchiv,
D.XXXIV.15, Bl. 43a f.

93 Stadtarchiv 2.1.4 Ratsarchiv,
D.XXXIV.15, Bl. 43a ff.

94 Stadtarchiv 2.1.4 Ratsarchiv,
D.XXXIV.15, Bl. 44a ff.

95 Stadtarchiv 2.1.4 Ratsarchiv,
D.XXXIV.15, Bl. 44a ff.

96 Stadtarchiv 2.1.4 Ratsarchiv,
D.XXXIV.15, Bl. 62a ff.

97 Gerber I 1790, S. 566f.

98 Kunath 1988, S. 123.

99 Stadtarchiv 2.1.4 Ratsarchiv,
D.XXXIV.15, Bl. 62b f.

100 Vgl. Stadtarchiv 2.1.4 Ratsarchiv,
D.XXXIV.15, Bl. 66a.

101 Siehe S. 11

102 Kunath 1988, S. 123 sowie diesbezüg-
liche Angabe in Stadtarchiv D.
XXXIV.15, Bl. 70a f., Bewerbung
Lommatsch vom 13.01.1801.

103 Kunath 1988, S. 123.

104 Stadtarchiv 2.1.4 Ratsarchiv,
D.XXXIV.15, Bl. 70a f.

105 Stadtarchiv 2.1.4 Ratsarchiv,
D.XXXIV.15, Bl. 72a.

106 Stadtarchiv 2.1.4 Ratsarchiv,
D.XXXIV.15, Bl. 79a.

107 Stadtarchiv 2.1.4 Ratsarchiv,
D.XXXIV.15, Bl. 80a. Siehe auch
Abbildung S. 59.

108 Stadtarchiv 2.1.4 Ratsarchiv,
D.XXXIV.15, Bl. 82b.

109 Stadtarchiv 2.1.4 Ratsarchiv,
D.XXXIV.15, Bl. 87a f., Schreiben
Lommatzsch vom 8. Juni 1803 und
Bl. 89 a f., Schreiben Lommatzsch vom
7. Juli 1804.

110 Stadtarchiv 2.1.4 Ratsarchiv,
D.XXXIV.15, Bl. 89a.

111 Stadtarchiv 2.1.4 Ratsarchiv,
D.XXXIV.15, Bl. 98a, Bewerbungsschreiben von Carl Friedrich Marx vom
5. August 1822.

112 Kunath 1988, S. 123. Sterbemonat
errechnet aus Stadtarchiv 2.1.4
Ratsarchiv, D.XXXIV.15, Bl. 91b ff.,
Bewerbungsschreiben von Louis Rensch
vom 1. August 1822, wonach Günther
vor wenigen Tagen verstorben war.

113 Stadtarchiv 2.1.4 Ratsarchiv,
D.XXXIV.15, Bl. 91a ff.

114 Stadtarchiv 2.1.4 Ratsarchiv,
D.XXXIV.15, Bl. 99.

115 Kunath 1988, S. 123.

116 Stadtarchiv 2.1.4 Ratsarchiv, D.XXXIV.15, Bl. 120a.

117 Stadtarchiv 2.1.4 Ratsarchiv, D.XXXIV.15, Bl. 104b, laut Ratsprotokoll vom 6. August 1822.

118 Stadtarchiv 2.1.4 Ratsarchiv, D.XXXIV.15, Bl. 105a.

119 Stadtarchiv 2.1.4 Ratsarchiv, D.XXXIV.15, Bl. 107a f.

120 Stadtarchiv 2.1.4 Ratsarchiv, D.XXXIV.15, Bl. 120a.

121 Stadtarchiv 2.1.4 Ratsarchiv, D.XXXIV.15, Bl. 112b.

122 Stadtarchiv 2.1.4 Ratsarchiv, D.XXXIV.15, Bl. 116a f.

123 Stadtarchiv 2.1.4 Ratsarchiv, D.XXXIV.15, Bl. 118a f.

124 Stadtarchiv 2.1.4 Ratsarchiv, D.XXXIV.15, Bl. 118a f.

125 Stadtarchiv 2.1.4 Ratsarchiv, D.XXXIV.15, Bl. 118a f.

126 Stadtarchiv 2.1.4 Ratsarchiv, D.XXXIV.15, Bl. 140a f.

127 Stadtarchiv 2.1.4 Ratsarchiv, D.XXXIV.15, Bl. 122a und Bl. 152.

128 Stadtarchiv 2.1.4 Ratsarchiv, D.XXXIV.15, Bl. 123a ff.

129 Kunath 1988, S. 124.

130 Scheide 1926, S. 222 f. und Gurgel 2002, S. 70.

131 Kümmerle 1890, S. 613.

132 Scheide 1926, S. 223.

133 Stadtarchiv 2.1.4 Ratsarchiv, D.XXXIV.15, Bl. 142.

134 Stadtarchiv 2.1.4 Ratsarchiv, D.XXXIV.15, Bl. 144.

135 Stadtarchiv 2.1.4 Ratsarchiv, D.XXXIV.15, Bl. 146.

136 Stadtarchiv 2.1.4 Ratsarchiv, D.XXXIV.15, Bl. 143.

137 Stadtarchiv 2.1.4 Ratsarchiv, D.XXXIV.15, Bl. 149b f.

138 Stadtarchiv 2.1.2 Ratsarchiv, B.III.111u, Bl. 10f.

139 Stadtarchiv 2.1.2 Ratsarchiv, B.III.111u, Bl. 15 und 16a.

140 Stadtarchiv 2.1.2 Ratsarchiv, B.III.111u, Bl. 26f.

141 Stadtarchiv 2.1.2 Ratsarchiv, B.III.111u, Bl. 4f., 41ff. und 43.

142 Scheide 1926, S. 223.

143 Haselböck 1994, Vorwort.

144 MGG P 9, S. 290f.

145 Nachfolgende biografische Angaben zu Merkel bis 1859 nach Janssen 1886, S. 4 ff und Saal 1993, S. 11 ff.

146 Vgl. Schiager 2008, S. 20.

147 Janssen 1886, S. 12.

148 Vollhardt 1899, S. 75.

149 Janssen 1886, S. 14

150 Vgl. Saal 1998, S. 152 f.

151 Janssen 1886, S. 10.

152 Janssen 1886, S. 15.

153 Zit. n. Janssen 1886, S. 16f.

154 Stadtarchiv 2.1.2 Ratsarchiv, B.III.111u, Bl. 191 ff.

155 Zusammenstellung siehe Schiager 2008, S. 25 f.

156 Vgl. Saal 1998, S. 29 ff.

157 Vgl. Saal 1998, S. 49 f.

158 Janssen 1886, S. 10 f.

159 Vgl. Janssen 1886, S. 11.

160 Vgl. Saal 1998, S. 53 ff und Schiager 2008.

161 Vgl. Saal 1998, S. 57 ff und Schiager 2008, S. 102 ff.

162 Vgl. Janssen 1886, S. 18ff.

163 Janssen 1886, S. 22.

164 Vgl. Janssen 1886, S. 22ff.

165 Janssen 1886, S. 32

166 Merkel 1957, S. 60

167 Gurgel 2002, , S. 71

168 Merkel 1957, S. 61

169 Merkel 1957, S. 61.

170 Gurgel 2002, S. 71.

171 Merkel 1957, S. 61.

172 Merkel 1957, S. 62.

173 4. Beilage zum DA, Jg. 155, Nr. 22, 22.1.1885, S. 18.

174 DN, Jg. 30, Nr. 22, 22.1.1885, S. 3.

175 LKA Bestand 8, 1359. Jede außerplanmäßige Musikaufführung musste beim Rat der Stadt beantragt und durch die Kircheninspektion genehmigt werden.

176 Vgl. Dähnert 1983, S. 238. Siehe auch Abschnitte dieses Artikels zu Emanuel Benisch junior, Herbert Collum und Holger Gehring.

177 Vgl. LKA Bestand 8, 1359.

178 Vgl. Schmerler 1998 a, S. 17.

179 Scheide 1923, S. 380. Auch als Neuausgabe in Gurgel 2002.

180 DN 1885, S. 4.

181 Kunath 1982.

182 Vollhardt 1988, S. 75.

183 Kunath 1988, S. 124.

184 Schulze 2012, S. 13.

185 Näheres hierzu siehe Schulze 2012, S. 22.

186 Vgl. LKA, Bestand 8, 1358, Kirchenkalender der Kreuzparochie Dresden 1894.

187 Schulze 2012, S. 24.

188 LKA, Bestand 8, 1359.

189 Siedentopf 1979, S. 11.
190 In einem Brief vom 13. September 1902.
191 Siedentopf 1979, S. 11.
192 Vgl. O. Verf.: Alfred Sittard, in: RiemannL, Berlin/ Leipzig [8]1916, S. 1045.
193 Vgl. SIMPK, Doc. orig. Sittard 5.
194 Name des Klavierlehrers in Sittards handgeschriebenem Lebenslauf leider unleserlich.
195 Vgl. SIMPK, Doc. orig. Sittard 5.
196 Stephonson, Kurt: Alfred Sittard in: MGG, hrsg. von Friedrich Blume, Bd. 12, 1951, S. 738.
197 Vgl. Burkhard Meischein, „...im Bachschen Geist das Orgelspiel zu pflegen." in: Herrmann 1998, S. 340.
198 Jenkner 1942.
199 Siedentopf 1979, S. 85 ff.
200 SIMPK, Doc. orig. Sittard 7.
201 Stadtarchiv / Kreuzschularchiv, Sig. 20.06, Nr. 1691, Erinnerung des Kruzianers Hermann Lutze (Abitur 1913).
202 Stadtarchiv / Kreuzschularchiv, Sig. 20.06, Nr. 1691, Erinnerung des Kruzianers Hermann Lutze (Abitur 1913).
203 Vgl. SIMPK, Doc. orig. Sittard 9a.
204 Vgl. SIMPK, Doc. orig. Sittard 10.
205 Vgl. Schulze 2012, S. 36.
206 Siedentopf 1979, S. 83.
207 Siedentopf 1979, S. 84.
208 Privatbesitz Dr. Henning Siedentopf, abgedruckt in Schulze 2012, S. 34 und Anh. V, S. 72.
209 Herrmann 1998, S. 337.
210 Herrmann 1998, S. 337.
211 Herrmann 1998, S. 337 und Schulze 2012, S. 34 f.
212 Zit. n. Herrmann 1998, S. 337.
213 DA, Jg. 179, Nr. 22, 22.1.1909, S. 3.
214 DN, Jg. 53, Nr. 16, 16.1.1909, S.1/2.
215 Vgl. Hasse, S. 5.
216 Selbstbiografie Pfannstiehls, in Der Kirchenchor, Jg. 32, Nr. 1/2, 1921, S. 23.
217 Vgl. Hasse, S. 4
218 Vgl. Der Kirchenchor, Jg. 32, Nr. 1/2, 1921, S. 23.
219 Vgl. Hasse, S. 10.
220 Vgl. Schmerler 1998a, S. 27 und Hasse, S. 12.
221 Der Kirchenchor, Jg. 25, Nr. 8, 1914, S. 104.
222 Ebd.
223 Vgl. Der Kirchenchor, Jg. 25, Nr. 8, 1914, S. 105.
224 Sterbedatum laut erhaltenem Grabstein auf dem dortigen Donatsfriedhof, frdl. Hinweis von Frau Johanna Schulze, Dresden.
225 Brief Rudolf Decker an Marie Pfannstiehl, 16.1.1962, Privatbesitz Ulrike Decker.
226 Stadtarchiv DD/ Kreuzschularchiv, Sig. 20.06, Nr. 1692.
227 Schulze 2012, S. 42.
228 Brief Marie Pfannstiehl an Rudolf Decker, 5.4.1958, Privatbesitz Ulrike Decker.
229 Brief Alexandre Guilmant an Pfannstiehl, 5.8.1910, Privatbesitz Ulrike Decker.
230 Schulze 2012, S. 42.
231 Vgl. Schulze 2012, S. 43f.
232 Zit. n. Schulze 2012, S, 47 f. Die Prospektpfeifen der Kreuzkirchenorgel mussten 1917 zu Rüstungszwecken abgegeben werden.
233 Schulze 2012, S. 44 und Schmerler 1998, S. 117.
234 Schmerler, S. 76.
235 DN, Jg. 80, Nr. 10, 7.1.1935, S.4f.
236 Brief Pfannstiehl an Rudolf Decker, 15.10.1935, Privatbesitz Ulrike Decker.
237 Stadtarchiv DD/ Kreuzschularchiv, Sig. 20.06, Nr. 1692, Brief Pfannstiehls.
238 Zeitungsauschnitt ohne genaue Angaben zum Herkunftsort vom 23.9.1940, Privatbesitz Ulrike Decker.
239 Kalenderblätter 1984, S. 25.
240 Zit. n. Schwinger 1964, S. 419.
241 Kalenderblätter 1984, S. 25.
242 Kalenderblätter 1984, S. 25.
243 Socher 1937, S. 38.
244 Dorfmüller 1985, S. 61.
245 Dittmann 1985, S. 11.
246 Dorfmüller 1985, S. 62.
247 Schwinger 1964, S. 421.
248 Dorfmüller 1985, S. 62.
249 MGG P 4, S. 1397.
250 Gojowy 2008, S. 314.
251 MGG P 4, S. 1358.
252 Schmiedel 1982, S. 3.
253 Collum 1978, Plattencover Rückseite.
254 MGG P 4, S. 1397.
255 Schwinger 1979, S. 3
256 Graf 2000, S. 8.
257 Graf 2000, S. 8.
258 Siehe auch S. 55
259 Siehe auch S. 34f.

Literatur und Archivalien

Literatur (Auswahl)

Belotti 2004
Belotti, Michael, *Die freien Orgelwerke Dieterich Buxtehudes [...]*, 3. Aufl. Frankfurt (M) 2004.

Belotti 1998
Belotti, Michael, *Dieterich Buxtehude, Sämtliche Orgelwerke – Keyboard Works Part 1: Free Organ Works*, Alzey 1998.

Blaschke 1991
Blaschke, Karlheinz, *Kreuzkirche, Kreuzschule, Kreuzchor – musikalische und humanistische Tradition in 775 Jahren*, Gütersloh/München 1991.

Burney 1772
Burney, Charles, *Tagebuch einer musikalischen Reise*. Gekürzte Neuausgabe, Wilhelmshaven 1980

Collum 1940
Collum, Herbert, *Die Königin der Instrumente. Bericht über den Orgelumbau in der Dresdener Kreuzkirche*, Dresden 1940.

Collum 1978
Herbert Collum (geboren 1914). *Totentanz. Herbert Collum an der Jehmlichorgel der Kreuzkirche zu Dresden*. LP. Berlin 1978.

Dähnert 1983
Dähnert, Ulrich, *Historische Orgeln in Sachsen*, 2. Aufl. Leipzig 1983, S. 77–82.

Dorfmüller 1985
Dorfmüller, Joachim, *Er schrieb ein Kapitel Dresdner Musikgeschichte. Zur Erinnerung an Herbert Collum [...]*, in: Neue Zeitschrift für Musik, Ausg. Juli/August 1985, S. 61ff., Mainz 1985.

Dresdener Handschrift 1931
Anonym, *Orgeldispositionen – Eine Handschrift aus dem XVIII. Jahrhundert im Besitz der Sächsischen Landesbibliothek ("Die Dresdener Handschrift")*, Verf. vermutlich Paul Christoph Wolf von Lichtenberg, Druckausgabe hg. von Paul Smets, Kassel 1931, S. 44 und 67.

Flade 1906
Flade, Paul: *Neue Sächsische Kirchengalerie*. 5. Band. Die Ephorie Dresden I., Leipzig 1906.

Flade 1931
Flade, Ernst, *Die sächsischen Orgeln der Dresdener Handschrift und ihre Dispositionen. In: Orgeldispositionen ... Dresdener Handschrift 1931*, S. 105 ff.

Fürstenau 1879
Fürstenau, Moritz, *Allgemeine Deutsche Biographie [...]*, Bd. 9, Leipzig 1879.

Fürstenau 1863
Fürstenau, Moritz, *Zur Geschichte der Orgelbaukunst in Sachsen*. In: Mitteilungen des Kgl. Sächs. Vereins für Erforschung und Erhaltung vaterländischer Altertümer, H. 13, Dresden 1863, S. 36.

Gehring 1995
Gehring, Holger, *Deutsche Orgelmusik der Romantik [...]*, Wien 1995.

Gerber 1790
Gerber, Ernst Ludwig, *Historisch-biographisches Lexikon der Tonkünstler [...]*, Bd. 1, Leipzig 1790.

Gojowy 1998
Gojowy, Detlef, *„Suche nach Identität" – Kreuzorganist Herbert Collum*, in: Herrmann 1998, S. 353–366.

Gojowy 2008
Gojowy, Detlef, *Herbert Collum zum Gedenken [...]*, in: Musikstunden. Beobachtungen, Verfolgungen und Chroniken neuer Tonkunst, S. 313, Köln 2008.

Greß 1994
Greß, Frank-Harald, *Die Orgeln der Frauenkirche zu Dresden*, Freiberg 1994, S. 36–40.

Grotefend 1991
Grotefend, Hermann, *Taschenbuch der Zeitrechnung*, 13. Aufl. Hannover 1991.

Gurgel 2002
Gurgel, Anne Marlene, *Dresdner Orgelmusik*, Bd 1., St. Augustin 2002

Gurlitt 1882–1919
Gurlitt, Cornelius, und Steche, Walter, *Beschreibende Darstellung der älteren Bau- und Kunstdenkmäler des Königreichs Sachsen*, H. XXI–XXIII, Dresden 1882–1919, S. 14f.

Härtwig/Herrmann 2006
Härtwig, Dieter, und Herrmann, Matthias, *Der Dresdner Kreuzchor – Geschichte und Gegenwart, Wirkungsstätten und Schule*, Leipzig 2006.

Hasche 1817
Hasche, Johann Christian, *Diplomatische Geschichte Dresdens*, T. 2, Dresden 1817, S. 131.

Haselböck 1994
Haselböck, Franz (Hrsg.), *Christian Gottlob Höpner [...], Vier variierte Choräle für die Orgel zu vier Händen*, St. Augustin 1994.

Hasse
Hasse, Karl, *Bernhard Pfannstiehl*, o. J. [ca. 1900], Kreuzkirchen-Archiv.

Held 1894
Held, Karl, *Das Kreuzkantorat zu Dresden [...]*, Leipzig 1894.

Held 1921
Held, Karl, *Die Kreuzkantoren zu Dresden*, in: Der Kirchenchor, 32. Jg., 1921, Nr. 1/2, Dresden 1921.

Herrmann 1998
Herrmann, Matthias (Hrsg.), *Die Dresdner Kirchenmusik im 19. und 20. Jahrhundert*. Laaber 1998.

Janssen 1886
Janssen, Paul, *Gustav Merkel [...]. Ein Bild seines Lebens und Wirkens*, Leipzig 1886.

Jehmlich 1910
Jehmlich, Gebrüder (Emil und Bruno J.), *Gebrüder Jehmlich, Königl. Sächs. Hoforgelbauer, Dresden*, Dresden 1910 (Firmenkatalog), S. 97 und 116.

Jehmlich/Krieger 1965
Jehmlich, Otto, und Krieger, Dietmar, *Die neue Orgel der Kreuzkirche in Dresden*. In: Das Musikinstrument, Frankfurt/M., 14, 1965, H. 2, S. 151–155.

Jenkner 1942
Jenkner, Hans: Prof. Alfred Sittard, in: *Die Musikwoche*, Jg. 10, Heft 8, 20.4.1942.

Kalenderblätter 1984
70. Geburtstag des DDR-Organisten, Cembalisten und Komponisten Herbert Collum, in: Bibliographische Kalenderblätter der Berliner Stadtbibliothek, 26. Jg., 1984, S. 25ff.

Kunath 1988
Kunath, Herbert, *Die Organisten und ihre Orgeln in den evangelisch-lutherischen Kirchen der Dresdner Innenstadt [...]*, in: Herbergen der Christenheit. Jahrbuch für deutsche Kirchengeschichte 1987/88, Berlin 1988, S. 121–140.

Kümmerle 1890
Kümmerle, Salomon, *Enzyklopädie der evangelischen Kirchenmusik*. Gütersloh 1890.

Löffler 1992
Löffler, Fritz, *Das alte Dresden*, Leipzig [11]1992, S. 22f., 38, 122, 202, 352, 419.

Meischein
Meischein, Burkhard: „....im Bachschen Geist das Orgelspiel zu pflegen." *Alfred Sittard [...]* , in: Herrmann 1988, S. 333–342.

Meltzer 1886
Meltzer, Otto, *Die Kreuzschule zu Dresden bis zur Einführung der Reformation*, Dresden 1886 (Mitteilungen des Vereins für Geschichte Dresden, 7), S. 27, Anm. 9.

Merkel 1957
Merkel, Walter: Christian Robert Pfretzschner, in: *Vogtländische Musiker vor 1900*, Museumsreihe Heft 12, Plauen 1957, S. 60–62.

MGG
Die Musik in Geschichte und Gegenwart. Allgemeine Enzyklopädie der Musik, Personenteil, P 4, Stuttgart 2000, P 9 und P 10, 2003, P 15, 2006.

Moser 1929
Moser, Hans Joachim, *Paul Hofhaimer*, Berlin und Stuttgart 1929, S. 94.

Oehme 1888–1905
Oehme, Fritz, *Handbuch über ältere, neuere und neueste Orgelwerke im Königreiche Sachsen*, Teil I, Dresden 1888, Teil IV Mskr. 1905, Reprint Leipzig 1978, hg. Von Wolfram Hackel, Bd. 1, S. 6f., Supplement S. 16f.

O. Verf.: Alfred Sittard, in: *Riemann-Musik-Lexikon*, 8. Aufl. Berlin/Leipzig 1916, S. 1045.

Praetorius 1619
Praetorius, Michael, *Syntagma musicum*, Band II, Wolfenbüttel 1619, S. 99.

Richter 1891
Richter, Otto, *Verfassungs- und Verwaltungsgeschichte der Stadt Dresden*, B. 3, Abt. 2, Dresden 1891, S. 282 und 286, Anm. 2.

Rubardt 1964
Rubardt, Paul, „Gräbner", in: Neue Deutsche Biographie 6, Berlin 1964, S. 707.

Rühle o. J.
Rühle, Wilhelm, Lebenserinnerungen, Manuskript im Privatbesitz.

Saal 1993
Saal, Magdalene, *Gustav Adolph Merkel [...]*, Frankfurt/M. 1993.

Saal 1998
Saal, Magdalene, *Gustav Merkel [...]*, in: Herrmann 1998, S. 157–170.

Scheide 1926
Scheide, August, *Zur Geschichte des Choralvorspiels*. Hildburghausen 1926.

Schiager 2008
Schiager, Halgeir, *Gustav Merkel*, Oslo 2008.

Schmerler 1998 a
Schmerler, Annett, *Bernhard Pfannstiehl [...] und die Orgelmusik seiner Zeit*, Magisterarbeit der Technischen Universität Dresden. Dresden 1998.

Schmerler 1998 b
Schmerler, Annett, „Ein Pionier für das neuzeitliche virtuose Orgelspiel", Kreuzorganist Bernhard Pfannstiehl, in: Herrmann 1998, S. 343–351.

Schulze
Schulze, Johanna, *Kontinuität und Verschiedenheit – Das Amt des Kreuzorganisten im Wandel der Zeiten, dargestellt am Beispiel von vier Lebensbildern von 1864 bis 1935*, Diplomarbeit [...], Dresden 2012.

Schwinger 1974
Schwinger, Eckart, *Eine Dresdner Institution. Herbert Collum zum sechzigsten Geburtstag*, in: Musica [...], Jg. 28, 1974, H. 4, Kassel 1974, S. 369ff.

Siedentopf 1979
Siedentopf, Henning, *Musiker der Spätromantik. Unbekannte Briefe aus dem Nachlaß von Joseph und Alfred Sittard*, Tübingen 1979.

Snyder 2007
Snyder, Kerala J., *Dieterich Buxtehude [...]*, Kassel 2007.

Socher 1937
Socher, Otto, *700 Jahre Dresdner Kreuzchor [...]*, Dresden 1937.

Spitta 1873/1880
Spitta, Philipp, *Johann Sebastian Bach*, Bd. 1, Leipzig 1873, Bd. 2, Leipzig 1880.

Steude 2006
Steude, Wolfram, *Vom Werden des Kreuzchores – Anfänge bis 1720*, in: Härtwig/Herrmann 2006, S. 10–55.

Stöbe 1900–1902
Stöbe, Paul, *Geschichte des Orgelbaus in Sachsen*. In: Der Kirchenchor, Jg. 11, Nr. 4, 1900, S. 50, Jg. 12, Nr. 3, 1901, S. 30f., Jg. 13, Nr. 4/5, 1902, S. 34.

Vollhardt 1899
Vollhardt, Reinhard, *Geschichte der Cantoren und Organisten von den Städten im Königreich Sachsen*, Berlin 1899, S. 347.

ZfI
Anonym, *Orgelbaunachrichten, Dresden (Kreuzkirche)*, Ztschr. für Instrumentenbau, Bd. 21, Leipzig 1900/1901, S. 337 und 743, Bd. 57, 1936/37, S. 120.

░ Zeitungsartikel

Böhm 1963
Böhm, Hans: *Denkwürdige Orgelweihe. Der „Königin der Instrumente" gehört die Zukunft.* In: Die Union, 18. Jg., 1963, Nr. 256, S. 4. Dresden 1963.

Dittmann 1985
Dittmann, Uta: *Ein neues Lied ... Erinnerung an den Dresdner Kreuzorganisten Unionsfreund Herbert Collum.* In: Die Union, 40. Jg., 1985, Nr. 81, S. 11. Dresden 1985.

Graf 2000
Graf, Sybille: *„Nur wer sich wach hält..."* *Seit 30 Jahren im Kirchendienst: Kreuzorganist Michael-Christfried Winkler.* In: Dresdner Neueste Nachrichten, Ausgabe Nr. 204 vom 01.09.2000. Dresden 2000.

Kunath 1982
Kunath, Herbert, *Wer waren die Organisten der Kreuzkirche?* [...]. In: Die Union, 37. Jg., 1982, Ausgabe vom 22.10.1982, Dresden 1982.

Schmiedel 1982
Ein Leben für die Musik. Im Gedenken an Unionsfreund Herbert Collum. In: Die Union, 37. Jg., 1982, Nr. 103, S. 3. Dresden 1982.

Schwinger 1979
Schwinger, Eckart: *Spielmannskunst, geistige Heiterkeit und schöpferische Arbeit. Dem Kreuzorganisten Professor Herbert Collum zum 65. Geburtstag.* In: Die Union, 34. Jg., 1979, Nr. 167, S. 3. Dresden 1979.

░ Archivalien

Decker-Archiv (Privatbesitz), Dresden
Briefe, Bilder, Zeitungsartikel zu Bernhard Pfannstiehl aus dem Nachlass von Rudolf Decker.

Greß-Archiv (Privatbesitz), Dresden
Frank-Harald Greß, Akten Kreuzkirche Dresden: u. a. Dispositionsentwürfe von 1950–1960, Dokumentation über Kreuzkirchenorgeln ab 1955, Gutachten vom 06.05.1961, Testat über Zusammenarbeit mit Fa. Jehmlich vom 29.06.1961, Schriftwechsel mit der Firma Gebrüder Jehmlich bzw. Jehmlich Orgelbau Dresden und Gerhard Paulik.

Jehmlich-Archiv, Dresden
Jehmlich Orgelbau Dresden, Archivakten Kreuzkirche Dresden: u. a. Kostenanschlag für Orgelumbau von Johann Gotthold Jehmlich vom 17.08.1827, Disposition des Umbaus 1895, Disposition des Neubaus 1900, Briefe der Gebrüder Jehmlich vom 08.12.1934 und vom 22.05.1941 an den Kirchenvorstand der Kreuzkirche, Dispositionsentwurf von 1940, Bericht der Gebrüder Jehmlich vom 20.08.1955 über die Umbauarbeiten der Vierzigerjahre, Aktennotiz vom 17.07.1962.

Kreuzkirchen-Archiv, Dresden
Evangelisch-lutherische Kreuzkirchgemeinde Dresden, Orgelakten: B.II.4.1, 4.2, 4.3, 4.4, 4.5; K Nr. 85, Bd. I, 1915–1924.

Landeskirchenarchiv, Dresden
Bestand 8, 1359, Schriftverkehr zu Konzerten in der Kreuzkirche zwischen Rat der Stadt, Kircheninspektion und Musikern.

Siedentopf-Archiv (Privatbesitz)
Briefe, Bilder zu Alfred Sittard aus dem Nachlass von dessen Schwester Gertrud Edle von Trost.

SIMPK, Berlin

Doc. orig. Sittard 5; Doc. orig. Sittard 6; Doc. Orig. Sittard 7; Doc. orig. Sittard 8; Doc. orig. Sittard 9; Doc. orig. Sittard 10; Dokumente ca. 1902–1911, die Anstellung und Tätigkeit Alfred Sittards an der Dresdner Kreuzkirche betreffend.

Stadtarchiv, Dresden

Codex diplomaticus 1875, Codex diplomaticus saxoniae regiae. [...] Zweiter Haupttheil. 5. Band. Urkundenbuch der Städte Dresden und Pirna. Leipzig 1875; 1 Urkunden, Nr. 54, Urkunde der Markgrafen Friedrich der Strenge, Balthasar und Wilhelm vom 1. März 1371 zur Stiftung des Marien- und Maternialtars in der Kreuzkapelle; 2.1.1 Ratsarchiv, A. XVb.20, Mittelalterliche Brückenamtsrechnungen 1370, 1388, 1389, 1462, 1499, 1513 („census sanctae crucis“); 2.1.2 Ratsarchiv, B.III.111u, Acten, die Kreuzkirche zu Dresden betr., Vol. I [...] 1851–1864; 2.1.2 Ratsarchiv, B.III.36, Acta zum Creuz KirchenBau [...] 1785/86; 2.1.4 Ratsarchiv, D.XV, Bestellung der Glöckner und Schulmeister, auch Organisten [...] 1618–1707; 2.1.4 Ratsarchiv, D.XXXIV.1&2: Die Orgelwercke in der Creütz=Kirche; 2.1.4 Ratsarchiv, D.XXIV.15, [...] Collectanea, Die Organisten bey der Creytz=Kirche betr. [...] 1716–1844; 2.1.4 Ratsarchiv, D.XXXIV.28[b]: Renovation [...] 1658–1667; 2.1.4 Ratsarchiv, D.XXXIV.28[c] (Orgelentwürfe von 1671); 2.1.4 Ratsarchiv, D.XXXIV.28[d]: Acta die Reparatur [...] 1727; 2.1.4 Ratsarchiv, D.XXXIV.28[e]: Miscellen, die Orgel in der alten Kreuz Kirche betr. 1751; 2.1.4 Ratsarchiv, D.XXXIV.28[f]: Acta die Reparatur [...] betr. [...] 1816; 2.1.4 Ratsarchiv, D.XXXIV.28[r]: Renovirung der Orgel [...] Anno 1604.

Stadtarchiv – Kreuzschularchiv, Dresden

20.4 Kreuzschularchiv, 20.06, Nr. 1691, Erinnerung des Kruzianers Hermann Lutze (Abitur 1913); 20.4 Kreuzschularchiv, Nr. 718, Blatt 10a (Programmzettel des Orgelkonzerts von Alfred Sittard vom 6. März 1912); 20.06 Kreuzschularchiv, Nr. 1692, Erinnerungen an Kirchenmusikdirektor Bernhard Pfannstiehl, von Hermann Lutze, Herbert Kunath, Rudolf Heinze, Erich Schütze.

Abkürzungen

DA	Dresdner Anzeiger
DN	Dresdner Nachrichten
DNN	Dresdner Neueste Nachrichten
ebd.	ebendort
Jg.	Jahrgang
KMD	Kirchenmusikdirektor
LKA	Landeskirchenarchiv
SIMPK	Staatliches Institut für Musikforschung Berlin, Preußischer Kulturbesitz
ZfI	Zeitschrift für Instrumentenbau
ZfK	Zeitschrift für Kirchenmusiker

Bildnachweis:

S. 5, 10, 42, 45, 48, 51, 52, 54, 56, 57, 58, 59, 60, 75: Stadtarchiv Dresden; S. 13, 14 oben: Archiv Ev.-Luth Kreuzkirchgemeinde Dresden; S. 18, 22, 25, 32 oben: Archiv Jehmlich Orgelbau GmbH Dresden; S. 20: Archiv TU Dresden; S. 21: Archiv Prof. Dr. Franz Holzweißig; S. 26: SLUB Dresden/Deutsche Fotothek/Walter Möbius; S. 47: SLUB Dresden/Deutsche Fotothek/Henrik Ahlers; S. 63, 67, 69, 70: Archiv Ev.-Luth. Nicolaikirchgemeinde Zwickau; S. 73: Archiv Dr. Henning Siedentopf; S. 76, 77: Archiv Ulrike Decker; S. 81: SLUB Dresden/ Deutsche Fotothek, Gerhard Döring; S. 82: Archiv DNN; S. 83: Archiv Prof. Martin Schmeding; S. 86: Sylvio Dittrich, Dresden; alle übrigen Aufnahmen: Constantin Beyer, Weimar

Bibliografische Information der Deutschen Nationalbibliothek
Die Deutsche Nationalbibliothek verzeichnet diese Publikation in der Deutschen Nationalbibliografie; detaillierte bibliografische Daten sind im Internet über http://dnb.d-nb.de abrufbar.

1. Auflage 2013
ISBN 978-3-7954-2699-6
Diese Veröffentlichung bildet Band 277 in der Reihe „Große Kunstführer" unseres Verlages. Begründet von Dr. Hugo Schnell † und Dr. Johannes Steiner †.

263. Veröffentlichung der Gesellschaft der Orgelfreunde

© 2013 Verlag Schnell & Steiner GmbH, Leibnizstraße 13, D-93055 Regensburg
Telefon: (09 41) 7 87 85-0
Telefax: (09 41) 7 87 85-16
Druck: Erhardi Druck GmbH, Regensburg

Weitere Informationen zum Verlagsprogramm erhalten Sie unter:
www.schnell-und-steiner.de

Vordere Umschlagseite:
Orgelansicht von der Südempore

Rückwärtige Umschlagseite:
Innenansicht nach Osten